LUNDI — Modélisation et algèbre

Colorie les figures de façon à créer une suite.

1.

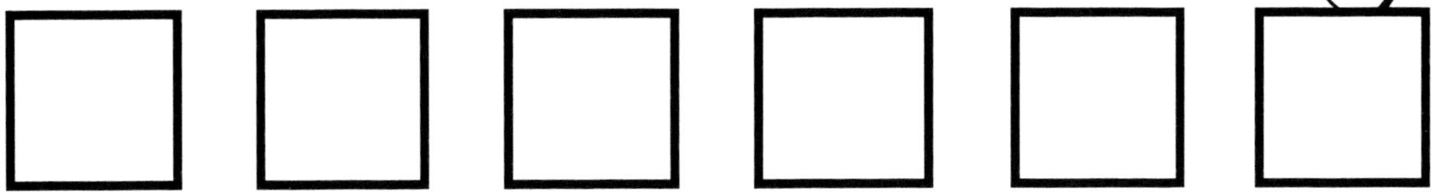

□ □ □ □ □ □

Quelle est la règle de ta suite? _____

2.

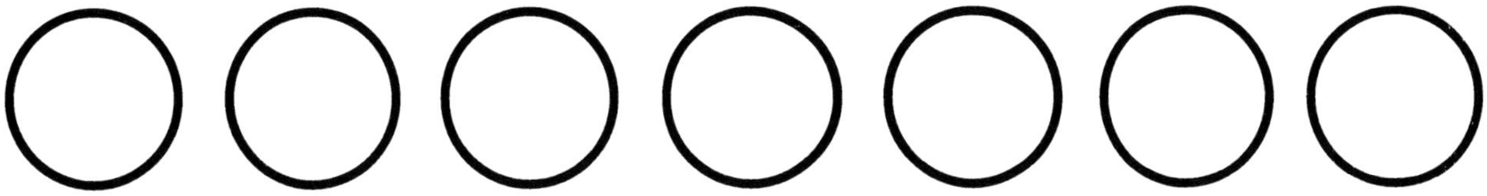

○ ○ ○ ○ ○ ○ ○

Quelle est la règle de ta suite? _____

MARDI — Sens du nombre

1. Quel est le nombre?

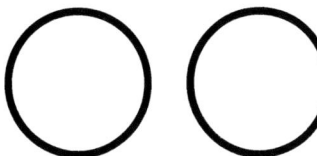

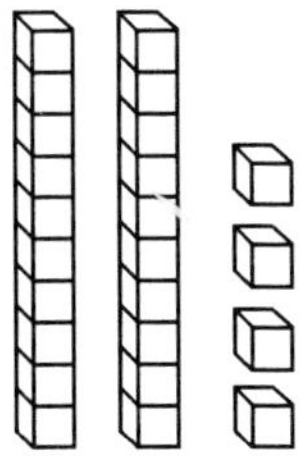

dizaines _____

unités _____

nombre _____

2. Écris ce nombre en chiffres.

six _____

3. Additionne :

1 + 6 =

4. Quelle est la valeur totale de ces pièces de monnaie?

   _____

Semaine 1

MERCREDI — Géométrie et sens de l'espace

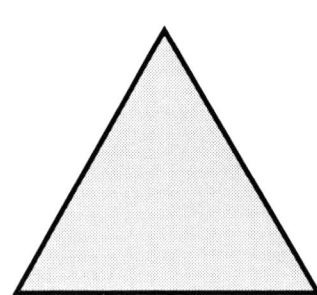

1. Encercle le nom de cette figure.

    rectangle   triangle

2. Combien de côtés a-t-elle? _____

3. Combien de sommets a-t-elle? _____

Suis les lignes pointillées pour tracer la figure, puis trace la même figure à côté.

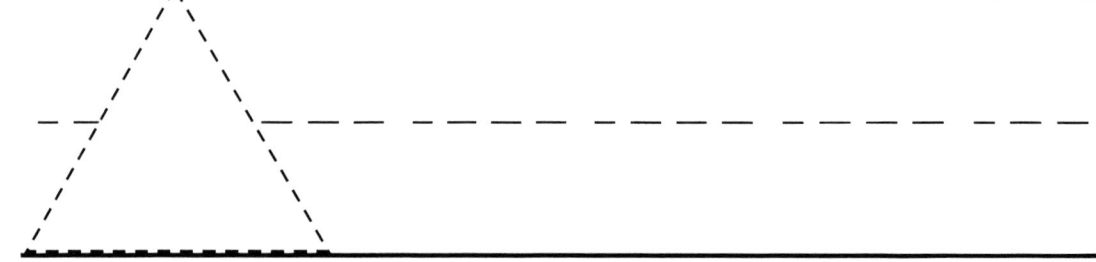

JEUDI — Mesure

1. Quelle heure est-il?

 _____ h

2. Quelle heure est-il?

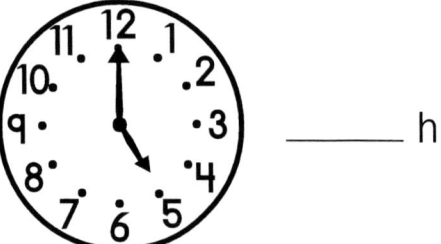 _____ h

3. Quel récipient contient le plus de liquide?

   A.    B.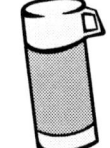

4. Mesure la longueur de la ligne.

   Elle mesure environ _____  .

Semaine 1

VENDREDI — Traitement des données

Les élèves de M. Latour ont fait un sondage sur leurs animaux préférés. Sers-toi du diagramme à pictogrammes pour répondre aux questions.

Animaux préférés

1. Combien d'élèves ont choisi le  ? _____

2. Combien d'élèves ont choisi le  ? _____

3. Encerce l'animal qui a obtenu **le plus** de votes.

4. Encercle l'animal qui a obtenu **le moins** de votes.

RÉFLÉCHIS BIEN

Le clown a 5 ballons rouges et 4 ballons bleus. Combien de ballons le clown a-t-il en tout?

LUNDI — Modélisation et algèbre

Colorie les figures de façon à créer une suite.

1.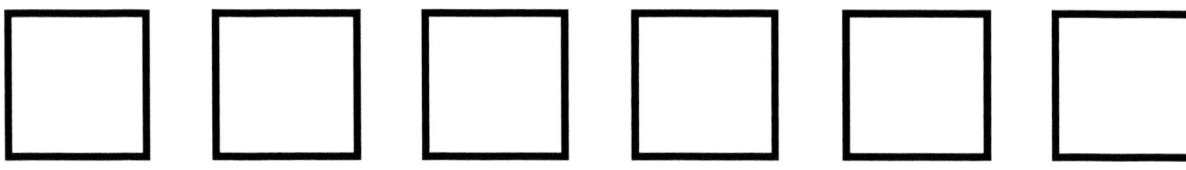

   Quelle est la règle de ta suite? _____

2.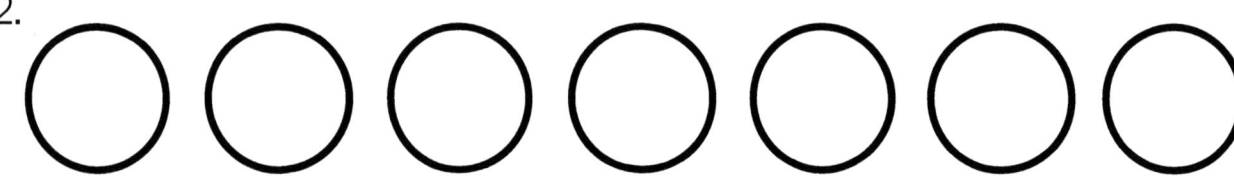

   Quelle est la règle de ta suite? _____

MARDI — Sens du nombre

1. Quel est le nombre?

   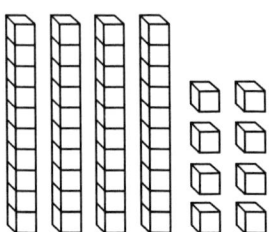

   dizaines _____

   unités _____

   nombre _____

2. Écris ce nombre en chiffres.

   un _____

3. Additionne :

   5 + 5 =

4. Quelle est la valeur totale de ces pièces de monnaie?

   _____

Semaine 2

MERCREDI — Géométrie et sens de l'espace

1. Encercle le nom de cette figure.

    cercle   triangle

2. Combien de côtés a-t-elle? _____

3. Combien de sommets a-t-elle? _____

Suis les lignes pointillées pour tracer la figure,
puis trace la même figure à côté.

JEUDI — Mesure

1. Quelle heure est-il?

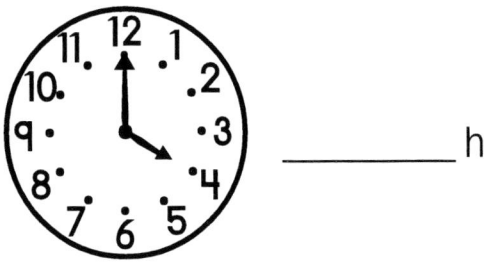

_____ h

2. Quelle heure est-il?

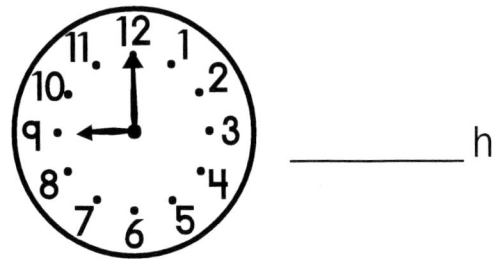

_____ h

3. Quel récipient contient le moins de liquide?

A.    B.

4. Mesure la longueur de la ligne.

Elle mesure environ _____  .

Semaine 2 — Chalkboard Publishing © 2010 — 5

VENDREDI — Traitement des données

Les élèves de Mme Richard ont fait un sondage sur leurs parfums de crème glacée préférés. Sers-toi du diagramme à pictogrammes pour répondre aux questions.

Parfums de crème glacée préférés

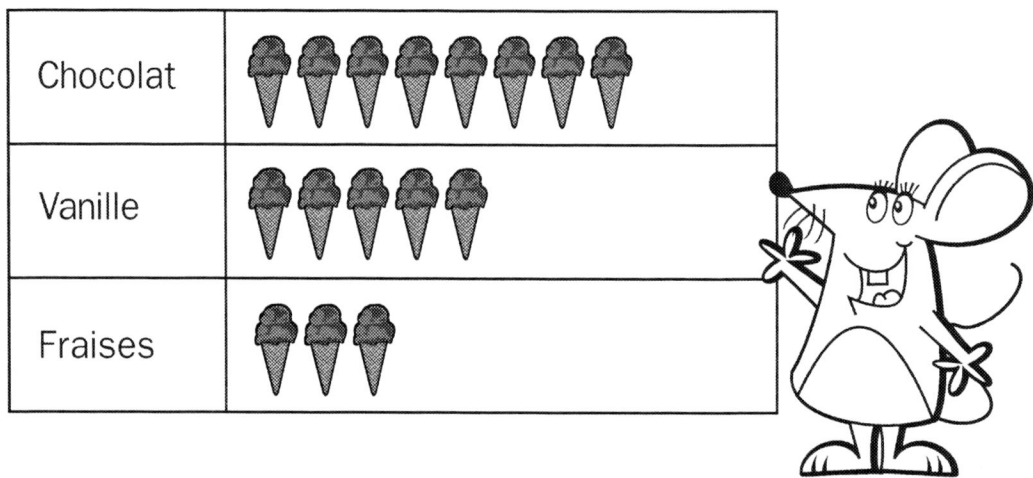

1. Combien d'élèves ont choisi la crème glacée au chocolat? _____

2. Combien d'élèves ont choisi la crème glacée à la vanille? _____

3. Combien d'élèves ont choisi la crème glacée aux fraises? _____

4. Combien d'élèves ont participé au sondage? _____

RÉFLÉCHIS BIEN

Il y a 15 fourmis sur une pierre. Puis 9 fourmis partent. Combien de fourmis reste-t-il?

LUNDI — Modélisation et algèbre

Colorie les figures de façon à créer une suite.

1.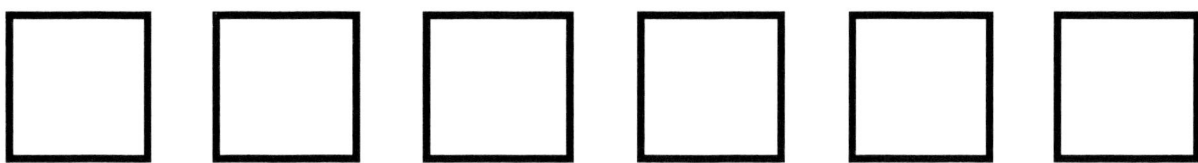

   Quelle est la règle de ta suite? _____

2.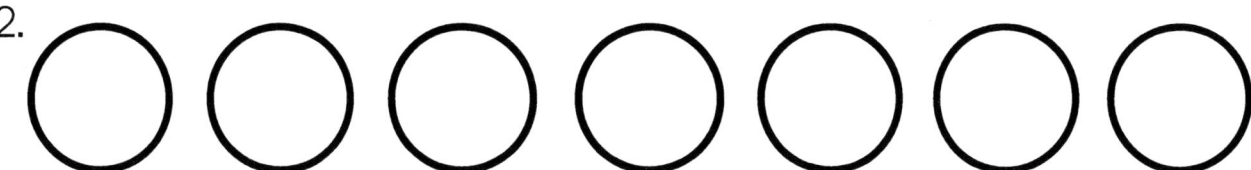

   Quelle est la règle de ta suite? _____

MARDI — Sens du nombre

1. Quel est le nombre?

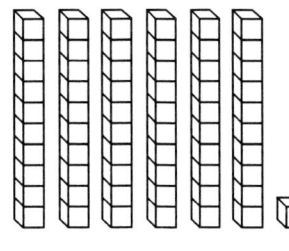

dizaines _____

unités _____

nombre _____

2. Écris ce nombre en chiffres.

huit _____

3. Encercle la troisième tortue.

4. Quelle est la valeur totale de ces pièces de monnaie?

_____

Semaine 3

MERCREDI — Géométrie et sens de l'espace

1. Encercle le nom de cette figure.

   carré   triangle

2. Combien de côtés a-t-elle? _____

3. Combien de sommets a-t-elle? _____

Suis les lignes pointillées pour tracer la figure, puis trace la même figure à côté.

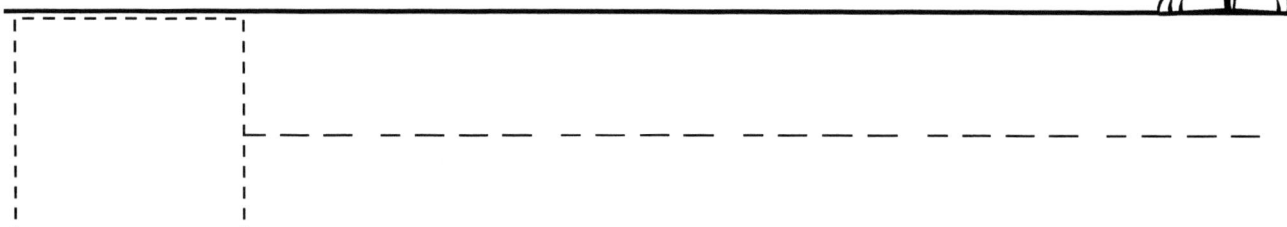

JEUDI — Mesure

1. Quelle heure est-il?

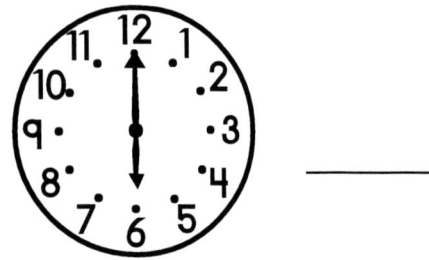   _____ h

2. Quelle heure est-il?

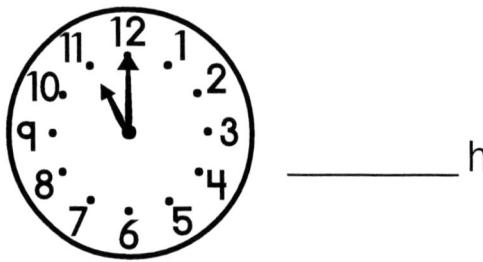   _____ h

3. Quel récipient contient le plus de liquide?

   A.    B.

4. Mesure la longueur de la ligne.

Elle mesure environ _____  .

VENDREDI — Traitement des données

Les élèves de M. Chang ont fait un sondage sur leurs boissons préférées. Sers-toi du diagramme à pictogrammes pour répondre aux questions.

Boissons préférées

Limonade	🥤🥤🥤🥤🥤🥤🥤🥤🥤
Lait	🥤🥤🥤🥤🥤🥤
Jus	🥤🥤🥤

1. Combien d'élèves ont choisi la limonade? _____

2. Combien d'élèves ont choisi le lait? _____

3. Combien d'élèves ont choisi le jus? _____

4. Combien d'élèves ont participé au sondage? _____

RÉFLÉCHIS BIEN

Caroline a 18 gommes à bulles. Elle donne 9 gommes à Rémi. Combien de gommes lui reste-t-il?

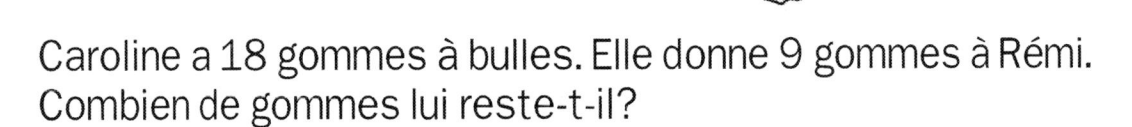

LUNDI — Modélisation et algèbre

Compte par intervalles de 2.

Colorie les nombres que tu comptes.

Quelles régularités remarques-tu?

_____

_____

1	2	3	4	5	6	7	8	9	10
11	12	13	14	15	16	17	18	19	20
21	22	23	24	25	26	27	28	29	30
31	32	33	34	35	36	37	38	39	40
41	42	43	44	45	46	47	48	49	50
51	52	53	54	55	56	57	58	59	60
61	62	63	64	65	66	67	68	69	70
71	72	73	74	75	76	77	78	79	80
81	82	83	84	85	86	87	88	89	90
91	92	93	94	95	96	97	98	99	100

MARDI — Sens du nombre

1. Quel est le nombre?

dizaines _____

unités _____

nombre _____

2. Écris ce nombre en chiffres.

cinq _____

3. Encercle le premier hippopotame.

4. Quelle est la valeur totale de ces pièces de monnaie?

   _____

MERCREDI — Géométrie et sens de l'espace

1. Encercle le nom de cette figure.

    rectangle   triangle

2. Combien de côtés a-t-elle? _____

3. Combien de sommets a-t-elle? _____

Suis les lignes pointillées pour tracer la figure,
puis trace la même figure à côté.

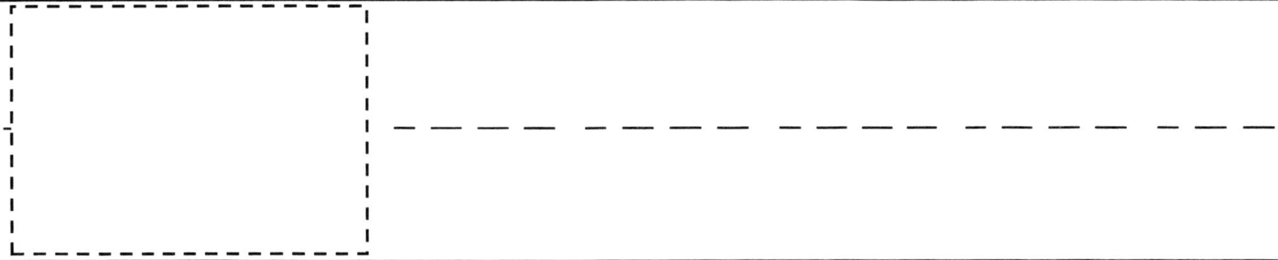

JEUDI — Mesure

1. Quelle heure est-il?

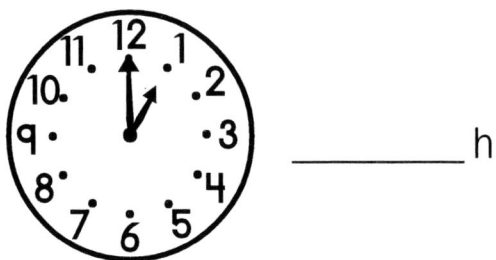

_____ h

2. Quelle heure est-il?

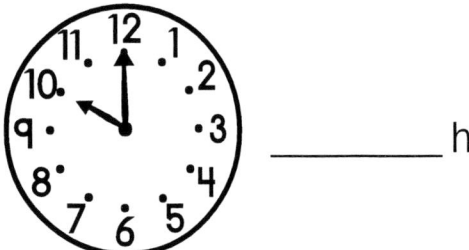

_____ h

3. Quel animal est le plus lourd?

A.  B.

4. Mesure la longueur de la ligne.

Elle mesure environ _____ .

Semaine 4

VENDREDI — Traitement des données

Les élèves de Mme Tanguay ont fait un sondage sur leurs gâteaux préférés. Sers-toi du diagramme à pictogrammes pour répondre aux questions.

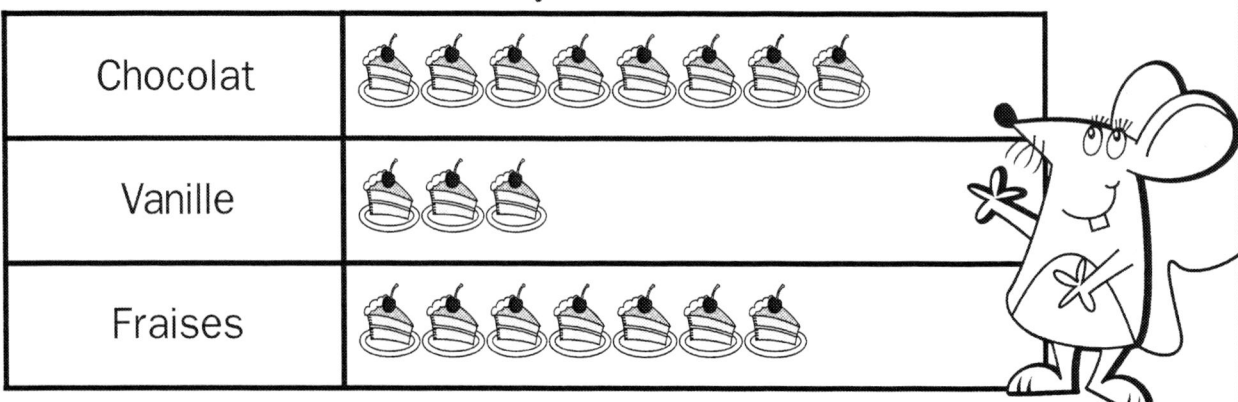

Gâteaux préférés

1. Combien d'élèves ont choisi le gâteau au chocolat? _____

2. Combien d'élèves ont choisi le gâteau à la vanille? _____

3. Combien d'élèves ont choisi le gâteau aux fraises? _____

4. Combien d'élèves ont participé au sondage? _____

RÉFLÉCHIS BIEN

Hugues a 22 timbres. Il se procure 10 autres timbres. Combien de timbres a-t-il en tout?

LUNDI — Modélisation et algèbre

Compte par intervalles de 5.

Colorie les nombres que tu comptes.

Quelles régularités remarques-tu?

_____

_____

1	2	3	4	5	6	7	8	9	10
11	12	13	14	15	16	17	18	19	20
21	22	23	24	25	26	27	28	29	30
31	32	33	34	35	36	37	38	39	40
41	42	43	44	45	46	47	48	49	50
51	52	53	54	55	56	57	58	59	60
61	62	63	64	65	66	67	68	69	70
71	72	73	74	75	76	77	78	79	80
81	82	83	84	85	86	87	88	89	90
91	92	93	94	95	96	97	98	99	100

MARDI — Sens du nombre

1. Quel est le nombre?

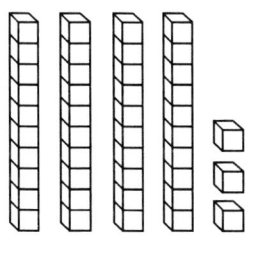

dizaines _____

unités _____

nombre _____

2. Encercle le quatrième robot.

3. Additionne :

3 + 9 =

4. Quelle est la valeur totale de ces pièces de monnaie?

    _____

Semaine 5

MERCREDI — Géométrie et sens de l'espace

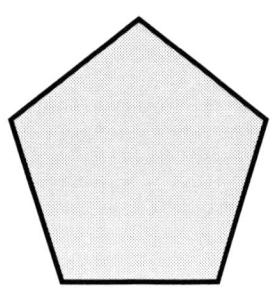

1. Encercle le nom de cette figure.

   carré   pentagone

2. Combien de côtés a-t-elle? _____

3. Combien de sommets a-t-elle? _____

Suis les lignes pointillées pour tracer la figure,
puis trace la même figure à côté.

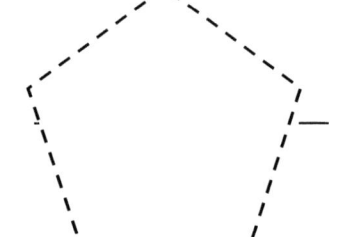

JEUDI — Mesure

1. Quelle heure est-il?

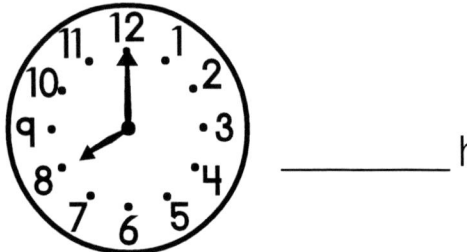 _____ h

2. Quelle heure est-il?

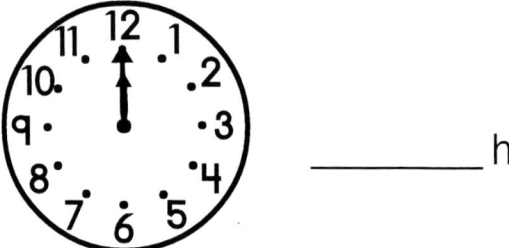 _____ h

3. Quel animal est le plus léger?

   A.    B.

4. Mesure la longueur de la ligne.

Elle mesure environ _____  .

VENDREDI — Traitement des données

Les élèves de Mme Savaria ont fait un sondage sur leurs sports préférés. Sers-toi du diagramme à pictogrammes pour répondre aux questions.

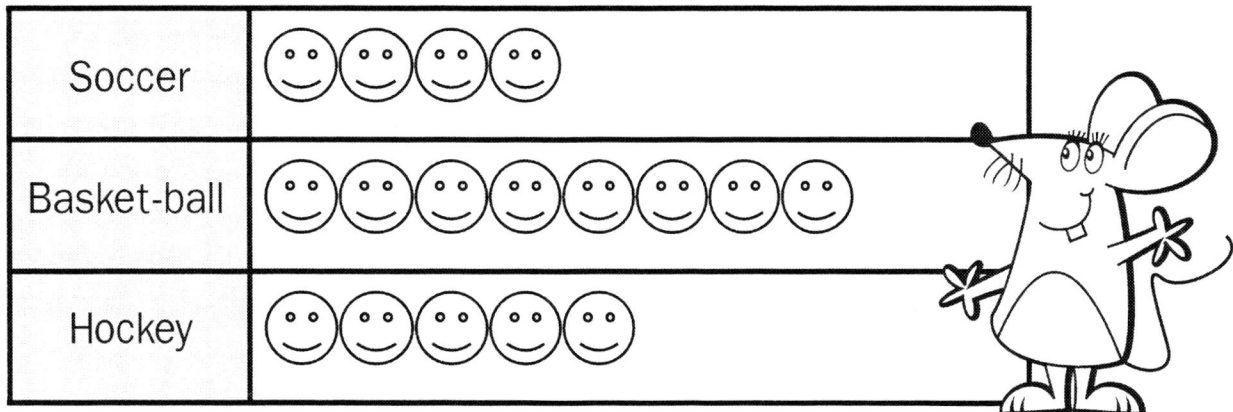

1. Combien d'élèves ont choisi le soccer? _____

2. Combien d'élèves ont choisi le basket-ball? _____

3. Combien d'élèves ont choisi le hockey? _____

4. Combien d'élèves de plus ont choisi le basket-ball plutôt que le hockey?

_____

RÉFLÉCHIS BIEN

Sophie a 13 pommes. Elle a besoin de 20 pommes pour faire des tartes. Combien de pommes lui manque-t-il?

LUNDI — Modélisation et algèbre

Compte par intervalles de 10.

Colorie les nombres que tu comptes.

Quelles régularités remarques-tu?

_____

_____

1	2	3	4	5	6	7	8	9	10
11	12	13	14	15	16	17	18	19	20
21	22	23	24	25	26	27	28	29	30
31	32	33	34	35	36	37	38	39	40
41	42	43	44	45	46	47	48	49	50
51	52	53	54	55	56	57	58	59	60
61	62	63	64	65	66	67	68	69	70
71	72	73	74	75	76	77	78	79	80
81	82	83	84	85	86	87	88	89	90
91	92	93	94	95	96	97	98	99	100

MARDI — Sens du nombre

1. Quel est le nombre?

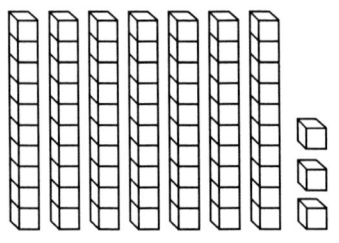

dizaines _____

unités _____

nombre _____

2. Soustrais :

$9 - 3 =$

3. Quelle est la valeur totale de ces pièces de monnaie?

   _____

Semaine 6

MERCREDI — Géométrie et sens de l'espace

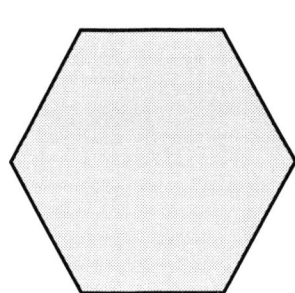

1. Encercle le nom de cette figure.

   rectangle   hexagone

2. Combien de côtés a-t-elle? _____

3. Combien de sommets a-t-elle? _____

Suis les lignes pointillées pour tracer la figure, puis trace la même figure à côté.

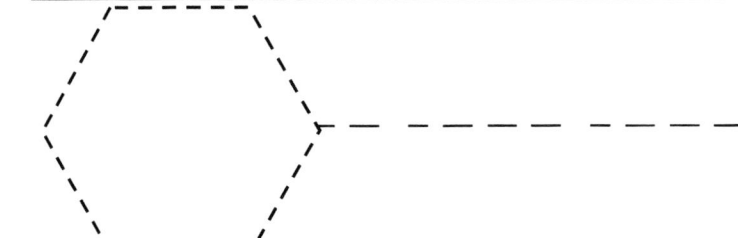

JEUDI — Mesure

1. Quelle heure est-il?

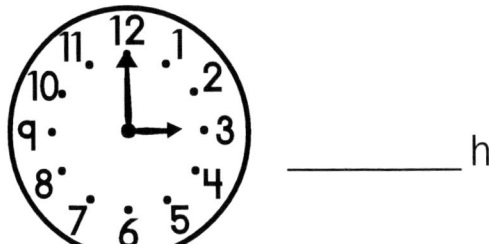

_____ h

2. Quelle heure est-il?

_____ h

3. Fait-il froid ou chaud?

A. chaud   B. froid

4. Mesure la longueur de la ligne.

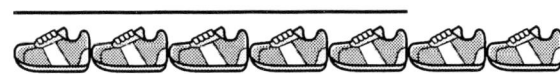

Elle mesure environ _____ 🥿 .

Semaine 6

VENDREDI — Traitement des données

Voici les résultats d'un sondage sur les animaux préférés.
Complète le tableau, puis réponds aux questions.

Animal	Dénombrement	Effectif
Chien	||||| ||	|||||
Chat	||||	
Hamster	||||| |||	
Oiseau	|||	

1. Quel est l'animal le plus populaire? _____

2. Quel est l'animal le moins populaire? _____

3. Combien d'élèves en tout ont choisi le chien ou l'oiseau? _____

4. Combien d'élèves de moins ont choisi le chat plutôt que le hamster?

_____

RÉFLÉCHIS BIEN

Gabriel a 15 timbres. Paulo a 22 timbres.
Combien Paulo a-t-il de timbres de plus?

LUNDI — Modélisation et algèbre

1. Prolonge cette suite numérique.

   3, 6, 9, ____, ____, ____

2. Trouve le nombre qui manque.

   _____ - 5 = 8

3. Prolonge cette suite.

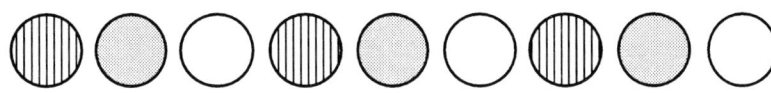   ____ ____ ____

MARDI — Sens du nombre

1. Quel est le nombre?

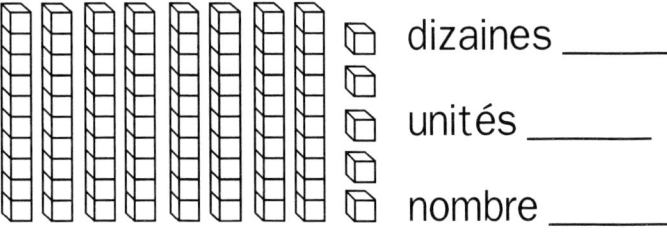

   dizaines _____
   unités _____
   nombre _____

2. Soustrais :

   $$\begin{array}{r} 7 \\ -\ 5 \\ \hline \end{array}$$

3. Additionne :

   3 + 5 =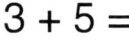

4. Quelle est la valeur totale de ces pièces de monnaie?

     _____

Semaine 7

MERCREDI — Géométrie et sens de l'espace

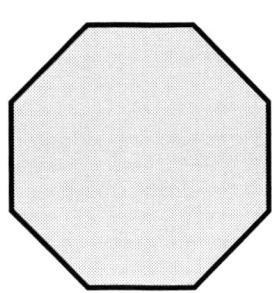

1. Encercle le nom de cette figure.

    triangle   octogone

2. Combien de côtés a-t-elle? _____

3. Combien de sommets a-t-elle? _____

Suis les lignes pointillées pour tracer la figure,
puis trace la même figure à côté.

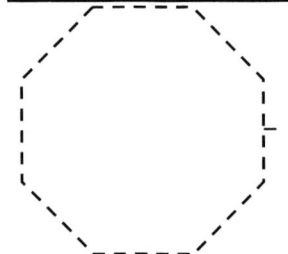

JEUDI — Mesure

1. Quelle heure est-il?

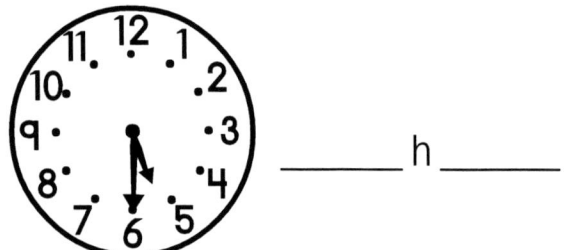

_____ h _____

2. Quelle heure est-il?

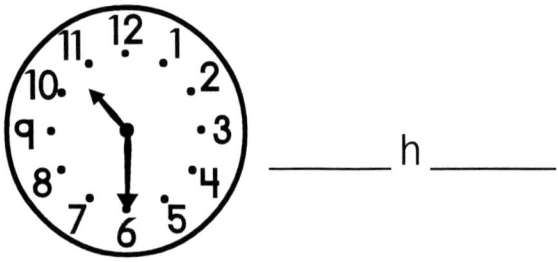

_____ h _____

3. Quel animal est le plus petit?

A.   B.

4. Mesure la longueur de la ligne.

Elle mesure environ _____ .

VENDREDI — Traitement des données

Les élèves de Mme Patel ont fait un sondage sur leurs aliments préférés. Sers-toi du diagramme à pictogrammes pour répondre aux questions.

Aliments préférés

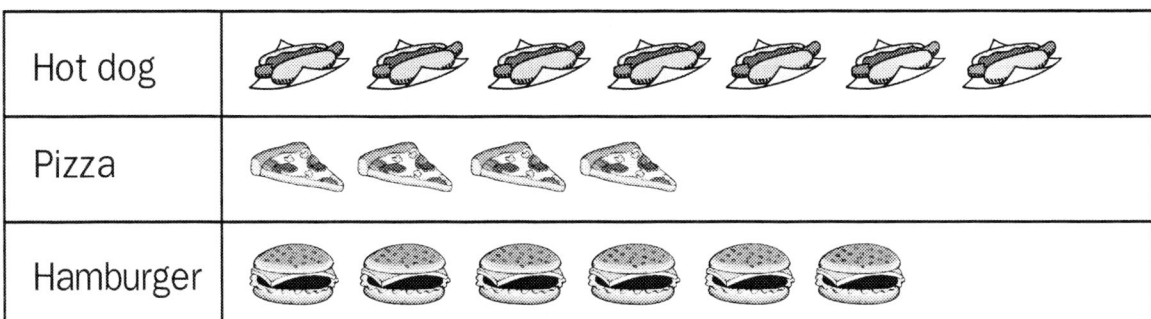

1. Combien d'élèves ont choisi le  ? _____

2. Combien d'élèves ont choisi la  ? _____

3. Combien d'élèves ont choisi le  ? _____

4. Combien d'élèves ont participé au sondage? _____

5. Quel est l'aliment le plus populaire? _____

RÉFLÉCHIS BIEN

1.	9	2.	12	3.	4	4.	3
	+4		−7		+4		+2

Semaine 7

LUNDI — Modélisation et algèbre

1. Prolonge cette suite numérique.

    5, 10, 15, ____, ____, ____

2. Trouve le nombre qui manque.

    ____ + 7 = 14

3. Prolonge cette suite.

 ____ ____ ____

MARDI — Sens du nombre

1. Quel est le nombre?

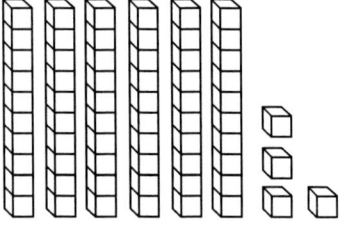

    dizaines ____

    unités ____

    nombre ____

2. Soustrais :

    10
    - 8
    ___

3. Quel nombre vient juste avant?

    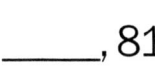, 81

4. Quelle est la valeur totale de ces pièces de monnaie?

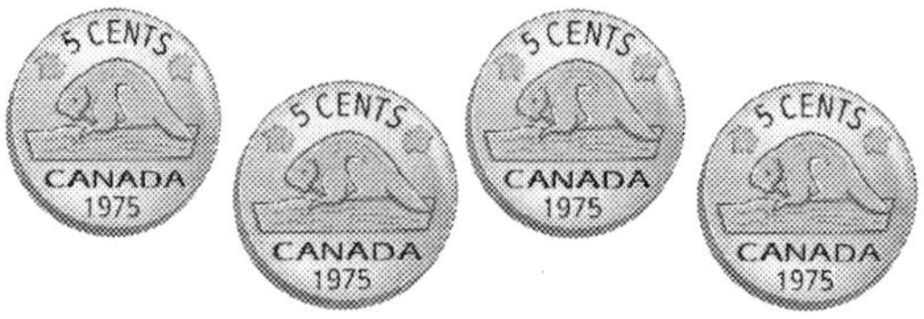

  ____

MERCREDI — Géométrie et sens de l'espace

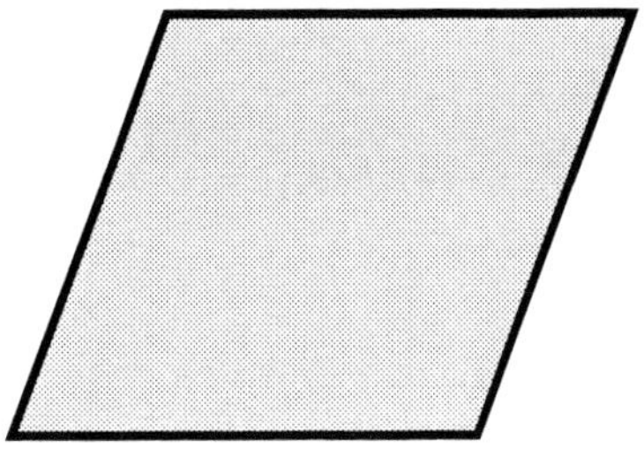

1. Encercle le nom de cette figure.

    parallélogramme   cercle

2. Combien de côtés a-t-elle? _____

3. Combien de sommets a-t-elle? _____

Suis les lignes pointillées pour tracer la figure, puis trace la même figure à côté.

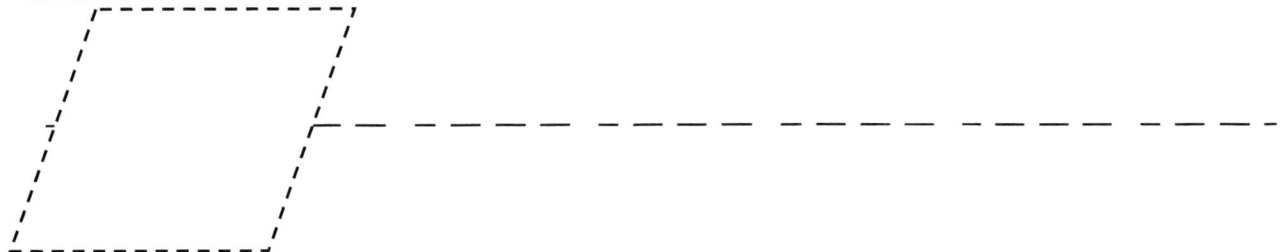

JEUDI — Mesure

1. Quelle heure est-il?

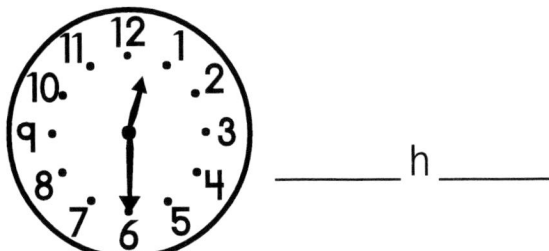

_____ h _____

2. Quelle heure est-il?

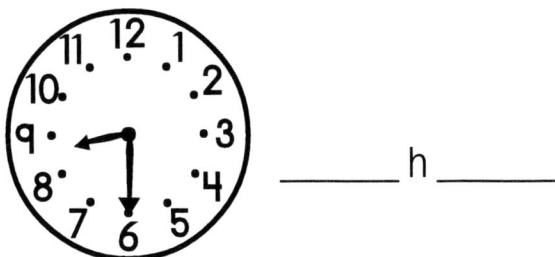

_____ h _____

3. Quel jour vient après lundi?

    A. mardi
    B. vendredi
    C. dimanche

4. Mesure la longueur de la ligne.

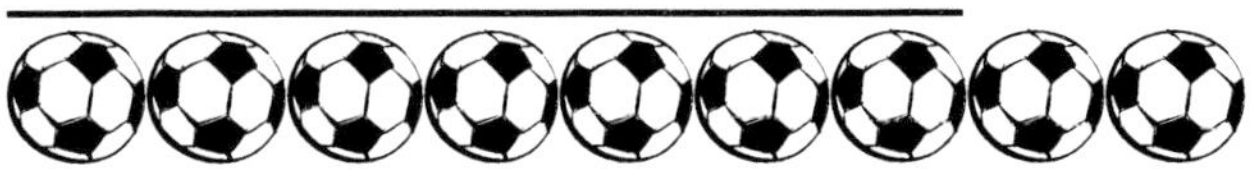

Elle mesure environ _____ .

Semaine 8

VENDREDI — Traitement des données

Voici les résultats d'un sondage sur les animaux préférés. Complète le tableau, puis réponds aux questions.

Animaux préférés

Animal	Dénombrement	Effectif
Chien		9
Chat		7
Hamster		4
Oiseau		2

1. Quel est l'animal **le plus** populaire? _____

2. Quel est l'animal **le moins** populaire? _____

3. Combien d'élèves en tout ont choisi le chien ou l'oiseau? _____

4. Combien d'élèves de plus ont choisi le chat plutôt que le hamster? _____

RÉFLÉCHIS BIEN

1. 5 + 3

2. 14 − 9

3. 9 + 8

4. 4 + 1

LUNDI — Modélisation et algèbre

1. Prolonge cette suite numérique.

    10, 20, 30, ____, ____, ____

2. Trouve le nombre qui manque.

    ____ - 9 = 1

3. Prolonge cette suite.

     ____ ____

MARDI — Sens du nombre

1. Quel est le nombre?

    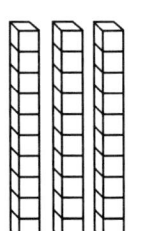

    dizaines ____

    unités ____

    nombre ____

2. Écris ce nombre en chiffres.

    neuf ____

3. Quelle est la valeur totale de ces pièces de monnaie?

   ____

Semaine 9

MERCREDI — Géométrie et sens de l'espace

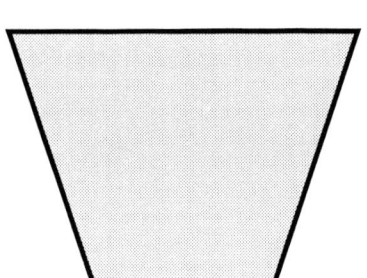

1. Encercle le nom de cette figure.

    trapèze   cercle

2. Combien de côtés a-t-elle? _____

3. Combien de sommets a-t-elle? _____

Suis les lignes pointillées pour tracer la figure,
puis trace la même figure à côté.

JEUDI — Mesure

1. Quelle heure est-il?

 _____ h _____

2. Quelle heure est-il?

 _____ h _____

3. Quel jour est entre jeudi et samedi?

_____

4. Mesure la longueur de la ligne.

_____

Elle mesure environ _____  .

VENDREDI — Traitement des données

Voici les résultats d'un sondage sur les biscuits préférés. Sers-toi du diagramme à pictogrammes pour répondre aux questions.

1. Combien d'élèves ont choisi le biscuit aux brisures de chocolat? _____

2. Combien d'élèves ont choisi le biscuit à la farine d'avoine? _____

3. Combien d'élèves ont choisi le biscuit aux épices? _____

4. Quel biscuit est le plus populaire? _____

RÉFLÉCHIS BIEN

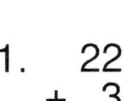

1. 22	2. 28	3. 20	4. 28
+ 3	− 6	+ 8	− 5

Semaine 9

LUNDI — Modélisation et algèbre

1. Prolonge cette suite numérique.

    14, 12, 10, ____, ____, ____

2. Trouve le nombre qui manque.

    ____ + 4 = 10

3. Prolonge cette suite.

    ____ ____

MARDI — Sens du nombre

1. Quel est le nombre?

    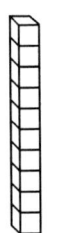 dizaines ____

    unités ____

    nombre ____

2. Soustrais :

    14
    - 6

3. Additionne :

    10 + 7 =

4. Quelle est la valeur totale de ces pièces de monnaie?

    ____

MERCREDI — Géométrie et sens de l'espace

1. Encercle le nom de cette figure à trois dimensions.

    cylindre   pyramide

2. Combien d'arêtes a-t-elle? _____

3. Combien de faces a-t-elle? _____

4. Observe ces figures. S'agit-il d'une réflexion, d'une translation ou d'une rotation?

   A. réflexion
   B. translation
   C. rotation

JEUDI — Mesure

1. Quelle heure est-il?

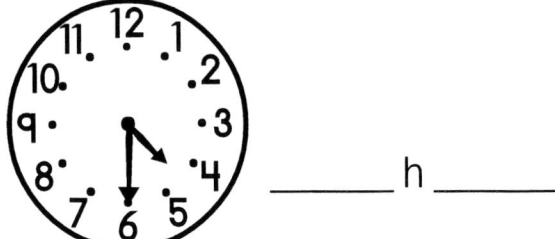 _____ h _____

2. Quelle heure est-il?

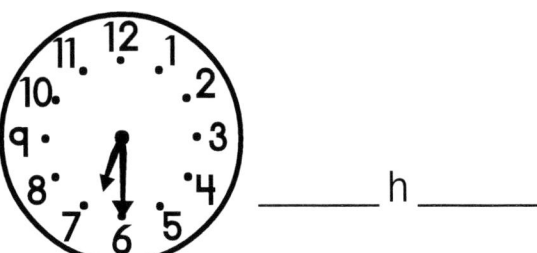 _____ h _____

3. Combien de mois y a-t-il dans une année?

   _____ mois

4. Mesure la longueur de la ligne.
   _____
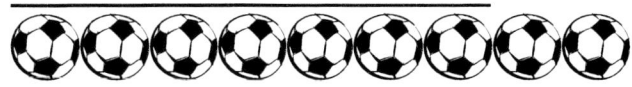

   Elle mesure environ _____  .

Semaine 10   Chalkboard Publishing © 2010   29

VENDREDI — Traitement des données

1. Compte les figures, puis complète le diagramme à bandes.

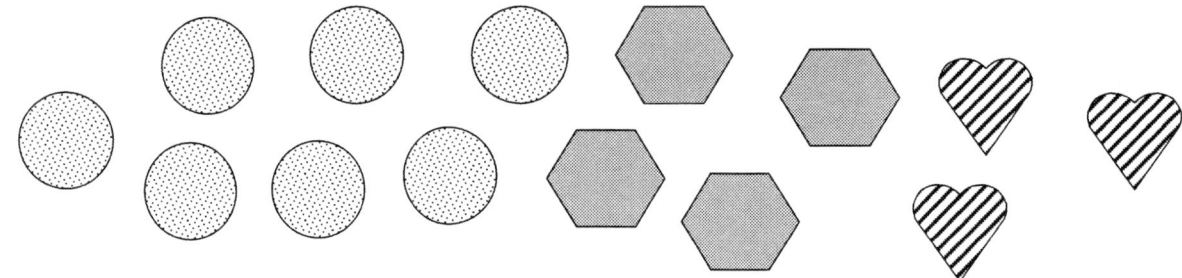

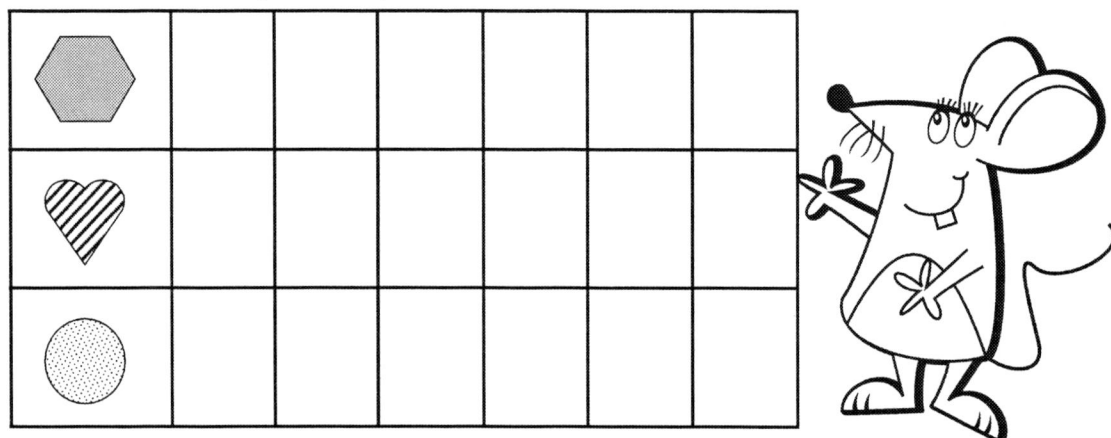

2. Quelle figure est **la plus** populaire?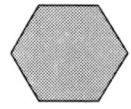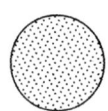

3. Quelle figure est **la moins** populaire?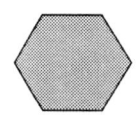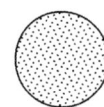

RÉFLÉCHIS BIEN

1. 15
   + 2

2. 20
   − 6

3. 23
   + 4

4. 38
   − 7

LUNDI — Modélisation et algèbre

1. Trouve le nombre qui manque.

   _____ + 5 = 11

2. Quelle est la règle de cette suite?

   2, 4, 6, 8, 10

   A. additionner 2
   B. additionner 3
   C. soustraire 3

3. Prolonge cette suite.

MARDI — Sens du nombre

1. Quel est le nombre?

   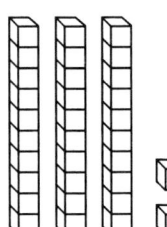
   dizaines _____
   unités _____
   nombre _____

2. Lequel est un nombre impair?

   47   32

3. Additionne :

   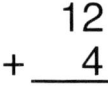
   ```
     12
   +  4
   ```

4. Quelle est la valeur totale de ces pièces de monnaie?

      _____

Semaine 11

MERCREDI — Géométrie et sens de l'espace

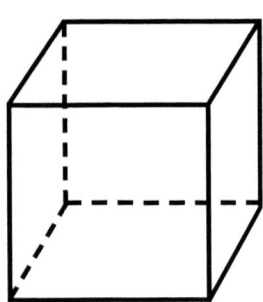

1. Encercle le nom de cette figure à trois dimensions.

    cube   pyramide

2. Combien d'arêtes a-t-elle? _____

3. Combien de faces a-t-elle? _____

4. Dessine un **cercle**.

5. Quelle figure est **à l'intérieur** du **carré**?

A. triangle

B. carré

JEUDI — Mesure

1. Quelle heure est-il?

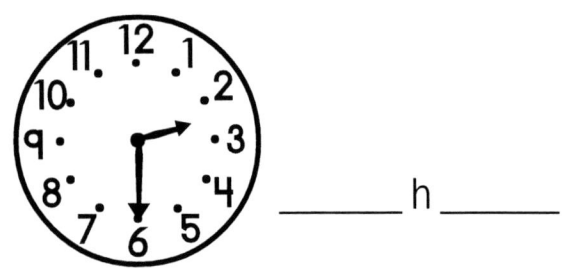

_____ h _____

2. Quel jour vient juste avant mercredi?

   A. mardi   B. vendredi   C. lundi

3. Quel arbre est le **plus petit**?

   A.    B.

4. Mesure la longueur de la ligne.

   ○○○○○○○○○

   Elle mesure environ _____ .

VENDREDI — Traitement des données

1. Compte les oiseaux, puis complète le diagramme à bandes.

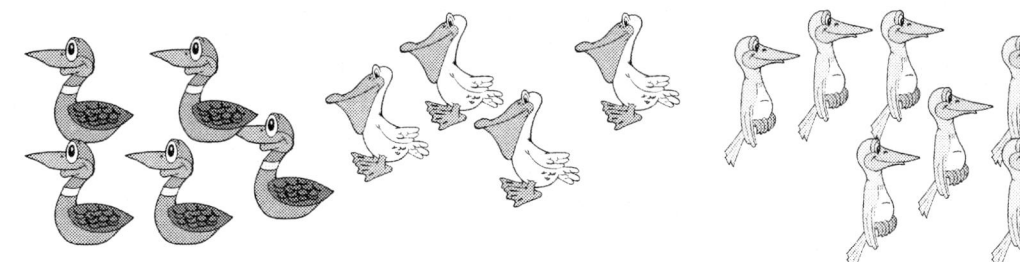

Oiseaux préférés

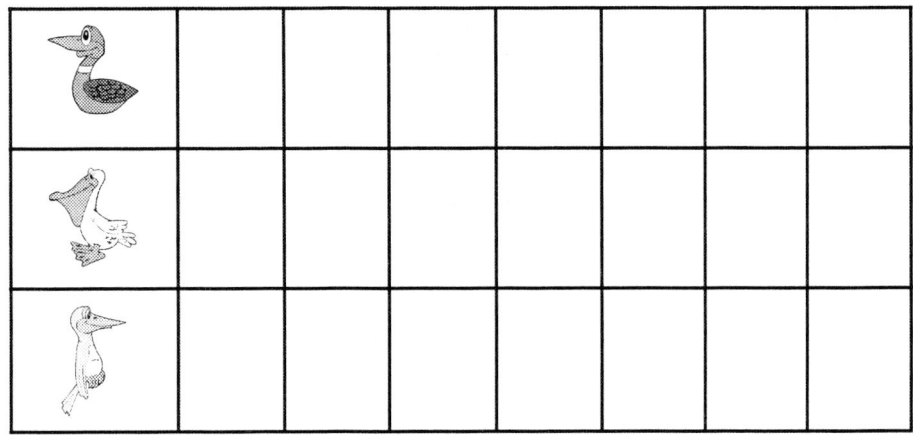

2. Quel oiseau est **le plus** populaire?

3. Quel oiseau est **le moins** populaire?

RÉFLÉCHIS BIEN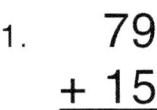

1.	2.	3.	4.
79 + 15	31 + 29	98 − 68	87 − 55

Semaine 11

LUNDI — Modélisation et algèbre

1. Trouve le nombre qui manque.

   _____ + 8 = 11

2. Quelle est la règle de cette suite?

   100, 90, 80, 70, 60

   A. additionner 10
   B. additionner 5
   C. soustraire 10

3. Prolonge cette suite.

    _____ _____

MARDI — Sens du nombre

1. Quel est le nombre?

   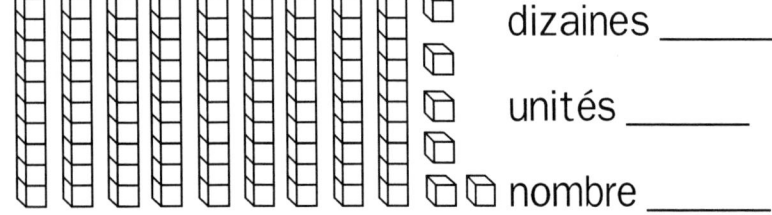

   dizaines _____
   unités _____
   nombre _____

2. Ordonne ces nombres, du **plus petit** au **plus grand**.

   47, 13, 59

   _____, _____, _____

3. Écris ce nombre en chiffres.

   seize _____

4. Quelle est la valeur totale de ces pièces de monnaie?

      _____

MERCREDI — Géométrie et sens de l'espace

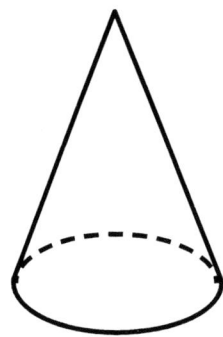

1. Encercle le nom de cette figure à trois dimensions.

   cône   pyramide

2. Combien d'arêtes a-t-elle? _____

3. Combien de faces a-t-elle? _____

4. Dessine un **triangle**.

5. Quelle figure est **à l'intérieur** du **carré**?

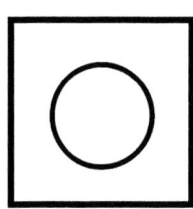

A. cercle

B. carré

JEUDI — Mesure

1. Écris l'heure de deux façons.

_____ h _____

_____ heures et quart

2. Quel mois est entre novembre et janvier?

   A. décembre   B. octobre   C. juillet

3. Quel jour vient juste après jeudi?

   A. lundi   B. mardi   C. vendredi

4. Mesure la longueur de la ligne.

   _____

   Elle mesure environ _____ .

Semaine 12

VENDREDI — Traitement des données

1. Compte les poissons, puis complète le diagramme à bandes.

Poissons préférés

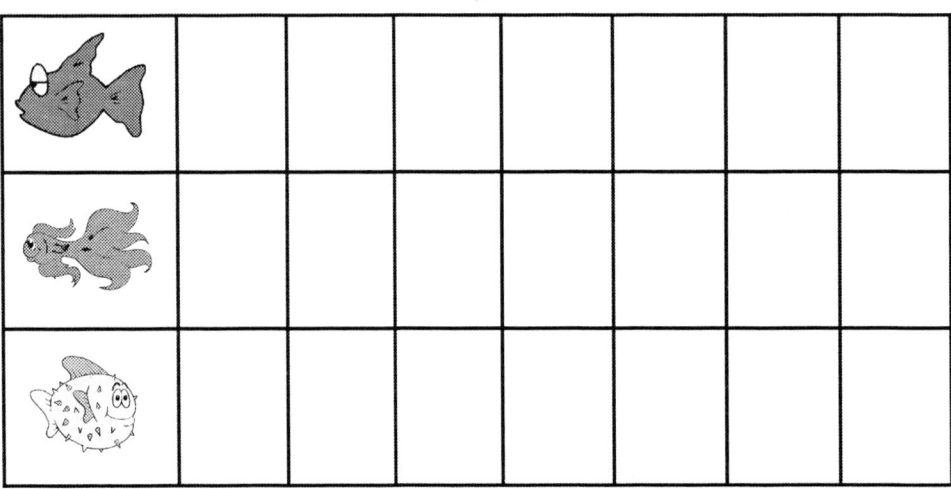

2. Combien y en a-t-il?  _____ 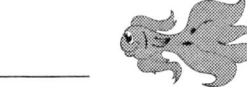 _____  _____

RÉFLÉCHIS BIEN

1. 26
  + 35

2. 74
  + 36

3. 43
  − 18

4. 92
  − 35

Semaine 12

LUNDI — Modélisation et algèbre

1. Trouve le nombre qui manque.

   _____ - 5 = 10

2. Quelle est la règle de cette suite?

   ○ ● ○ ● ○ ● ○ ●

   A. ABB   B. AB   C. AAC

3. Crée une suite avec des ○ et des □.

   _____

   Quelle est la règle de ta suite? _____

MARDI — Sens du nombre

1. Quel est le nombre?

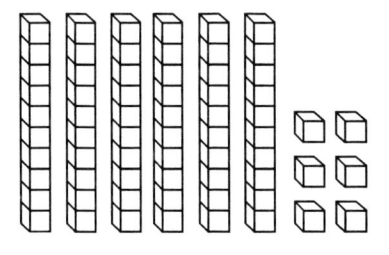

   dizaines _____
   unités _____
   nombre _____

2. Ordonne ces nombres, du **plus petit** au **plus grand**.

   76, 9, 22

   _____, _____, _____

3. Écris ce nombre en chiffres.

   treize _____

4. Quelle est la valeur totale de ces pièces de monnaie?

   _____

Semaine 13

MERCREDI — Géométrie et sens de l'espace

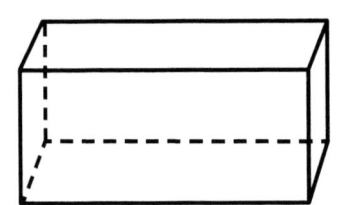

1. Encercle le nom de cette figure à trois dimensions.

   prisme droit à base rectangulaire   pyramide

2. Combien d'arêtes a-t-elle? _____

3. Combien de faces a-t-elle? _____

4. Dessine un **carré**.

5. Quelle figure est **à l'intérieur** du **triangle**?

   A. triangle
   B. carré

JEUDI — Mesure

1. Écris l'heure de deux façons.

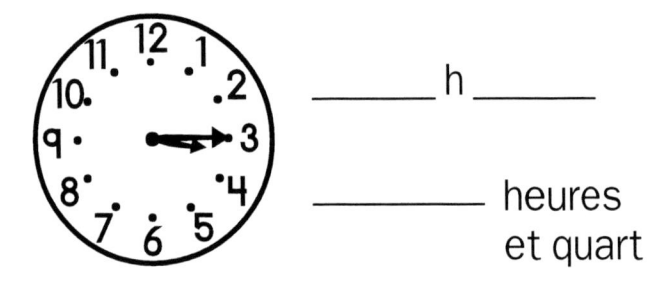

   _____ h _____

   _____ heures et quart

2. Ton doigt mesure environ combien de largeur?

   A. 1 mètre   B. 1 centimètre

3. Quel jour vient juste avant dimanche?

   A. samedi   B. mardi   C. vendredi

4. Mesure la longueur de la ligne.

   _____

   Elle mesure environ _____ .

VENDREDI — Traitement des données

1. Compte les images, puis complète le diagramme à bandes.

Instruments musicaux préférés

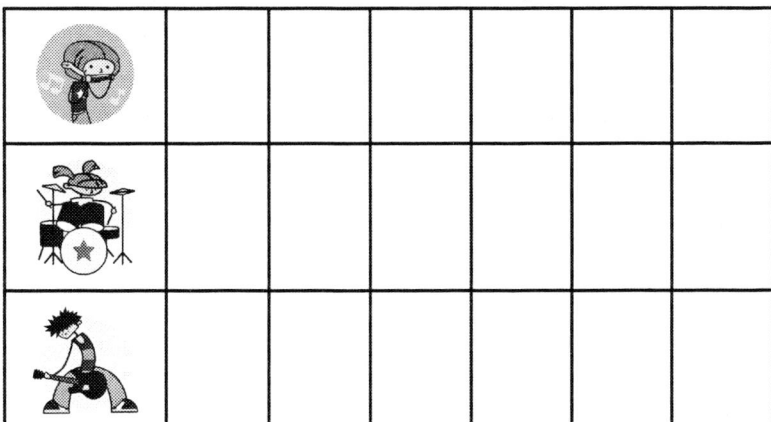

2. Encercle l'instrument **le plus** populaire.

3. Encercle l'instrument **le moins** populaire.

RÉFLÉCHIS BIEN

1. 45
   + 17

2. 69
   + 14

3. 87
   − 28

4. 70
   − 39

Semaine 13

LUNDI — Modélisation et algèbre

1. Trouve le nombre qui manque.

   _____ + 7 = 14

2. Quel est le prochain nombre de la suite si la règle est **additionner 5**?

   11, _____

3. Crée une suite de ○ et de ♡ qui se suivent comme les lettres dans AAB.

   _____

MARDI — Sens du nombre

1. Quel est le nombre?

   _____

2. Ordonne ces nombres, du **plus grand** au **plus petit**.

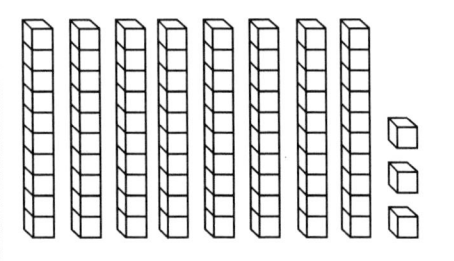

   29, 38, 4

   _____, _____, _____

3. Écris ce nombre en chiffres.

   vingt _____

4. Quelle est la valeur totale de ces pièces de monnaie?

   _____

MERCREDI — Géométrie et sens de l'espace

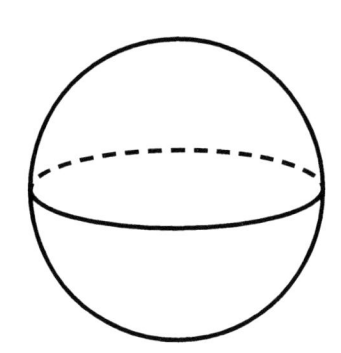

1. Encercle le nom de cette figure à trois dimensions.

   cylindre   sphère

2. Combien d'arêtes a-t-elle? _____

3. Combien de faces a-t-elle? _____

4. Dessine un **rectangle**.

5. Quelle figure est **à côté** du **carré**?

   A. triangle
   B. carré

JEUDI — Mesure

1. Écris l'heure de deux façons.

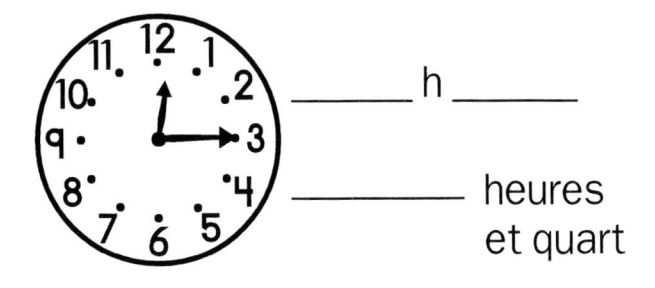

   _____ h _____

   _____ heures et quart

2. Quel jour vient juste après jeudi?

   A. lundi   B. mardi   C. vendredi

3. Combien de semaines y a-t-il dans une année?

   _____ semaines

4. Mesure la longueur de la ligne.

   Elle mesure environ _____ ◯.

Semaine 14

VENDREDI — Traitement des données

1. Complète le tableau des effectifs.

Aliments préférés

	Effectif	Dénombrement
	11	
	8	
	16	

2. Encercle l'aliment **le plus** populaire.

3. Encercle l'aliment **le moins** populaire.

4. Combien de personnes **de plus** ont préféré le ___ à la ___ ? _____

RÉFLÉCHIS BIEN

1. 18
   + 76

2. 39
   + 47

3. 90
   − 27

4. 81
   − 39

LUNDI — Modélisation et algèbre

1. Trouve le nombre qui manque.

    _____ - 9 = 3

2. Quel est le prochain nombre de la suite si la règle est **soustraire 2**?

    10, _____

3. Crée une suite de △ et de △ qui se suivent comme les lettres dans AAB.

    _____

MARDI — Sens du nombre

1. Quel est le nombre?

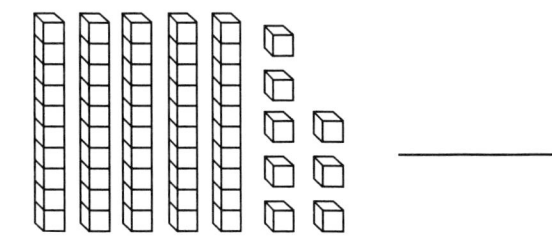

    _____

2. Ordonne ces nombres, du **plus petit** au **plus grand**.

    37, 47, 15

    _____, _____, _____

3. Écris ce nombre en chiffres.

    douze _____

4. Quelle est la valeur totale de ces pièces de monnaie?

    _____

Semaine 15

MERCREDI — Géométrie et sens de l'espace

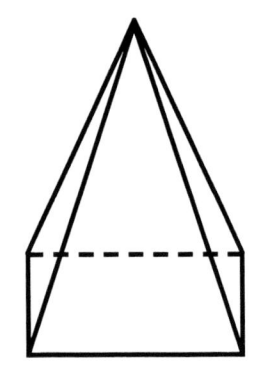

1. Encerce le nom de cette figure à trois dimensions.

    cylindre   pyramide

2. Combien d'arêtes a-t-elle? _____

3. Combien de faces a-t-elle? _____

4. Dessine un **pentagone**.

5. Quelle figure est **en dessous** du **cercle**?

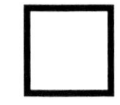

    A. triangle
    B. carré

JEUDI — Mesure

1. Écris l'heure de deux façons.

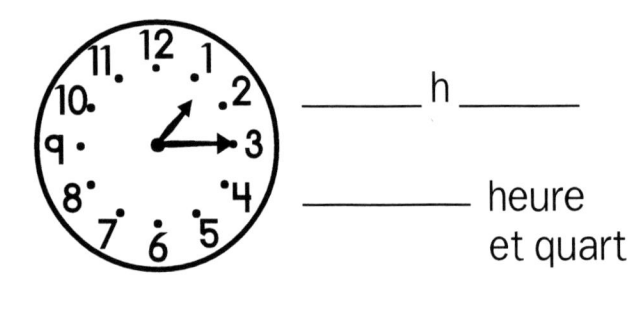

    _____ h _____

    _____ heure et quart

2. Quel mois vient juste après janvier?

    A. mars   B. février   C. septembre

3. Combien de jours y a-t-il dans une année?

    _____ jours

4. Mesure la longueur de la ligne.

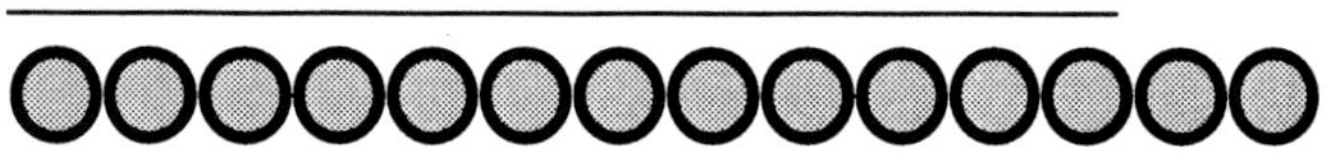

    Elle mesure environ _____ ◯.

44 — Chalkboard Publishing © 2010 — Semaine 15

VENDREDI — Traitement des données

1. Complète le tableau des effectifs.

Activités physiques préférées

	Effectif	Dénombrement
(patinage)	14	
(ringuette)	9	
(basketball)	11	

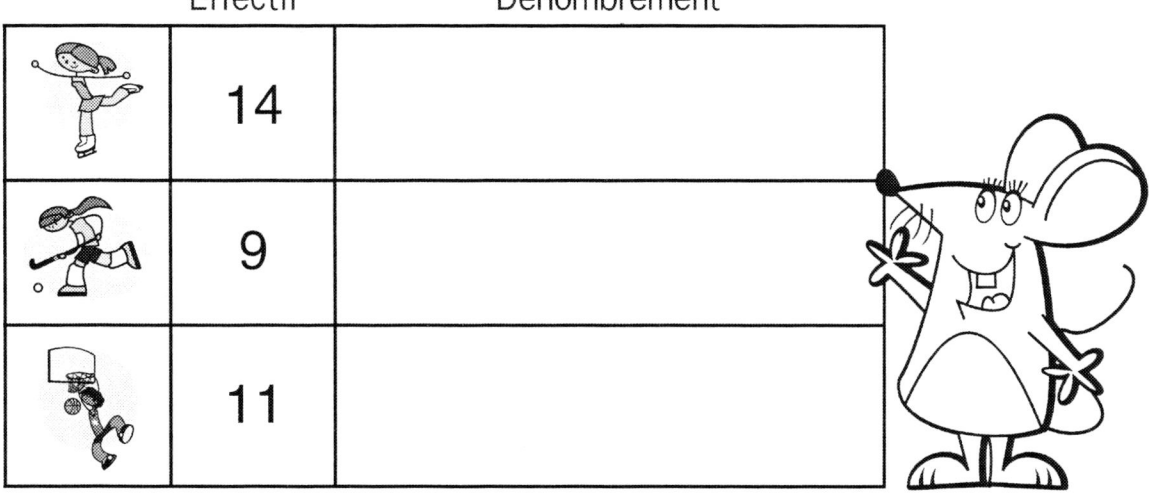

2. Encercle l'activité **la plus** populaire.

3. Encercle l'activité **la moins** populaire.

4. Combien de personnes de plus ont préféré le (patinage) au (basketball) ? _____

RÉFLÉCHIS BIEN

1. 68
   + 14

2. 72
   + 19

3. 52
   − 37

4. 41
   − 39

Semaine 15

LUNDI — Modélisation et algèbre

1. Trouve le nombre qui manque.

    _____ - 4 = 6

2. Quel est le prochain nombre dans la suite si la règle est **additionner 3**?

    4, _____

3. Crée une suite de couleurs qui se suivent comme les lettres dans ABC.

MARDI — Sens du nombre

1. Quel est le nombre?

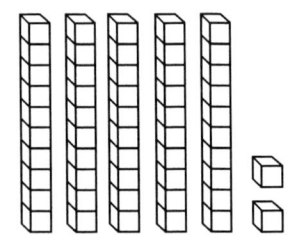

    _____

2. Ordonne ces nombres, du **plus grand** au **plus petit**.

    21, 73, 17

    _____, _____, _____

3. Écris ce nombre en chiffres.

    onze _____

4. Colorie 1/2 de cette figure.

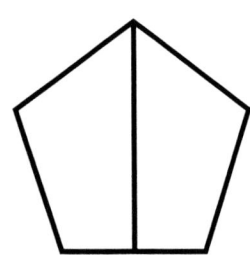

MERCREDI — Géométrie et sens de l'espace

1. Colorie les figures qui ont la **même forme** et la **même grandeur**.

2. Dessine un **hexagone**.

3. Quelle figure est **au-dessus** du **carré**?

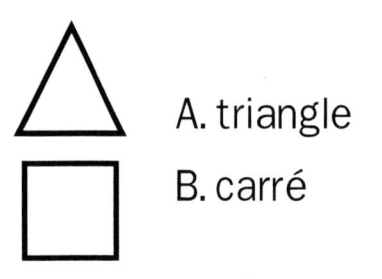

   A. triangle
   B. carré

JEUDI — Mesure

1. Écris l'heure de deux façons

   _____ h _____

   _____ heures et quart

2. Quel mois vient juste avant juin?

   A. mars   B. juillet   C. mai

3. Fait-il **chaud** ou **froid**?

   A. chaud
   B. froid

4. Mesure la longueur de la ligne.

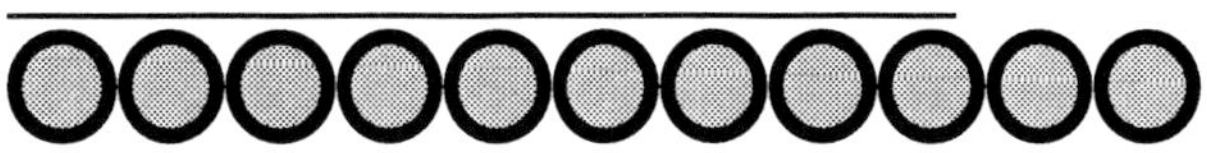

   Elle mesure environ _____ ◯.

Semaine 16

VENDREDI — Traitement des données

Sers-toi du diagramme de Venn pour répondre aux questions sur les activités préférées à la récréation.

Activités préférées à la récréation

Cercle de gauche (Jeu de poursuite) : Benoit, Mia
Intersection : Karène, Mario
Cercle de droite (Structures à grimper) : Simon, Madeline

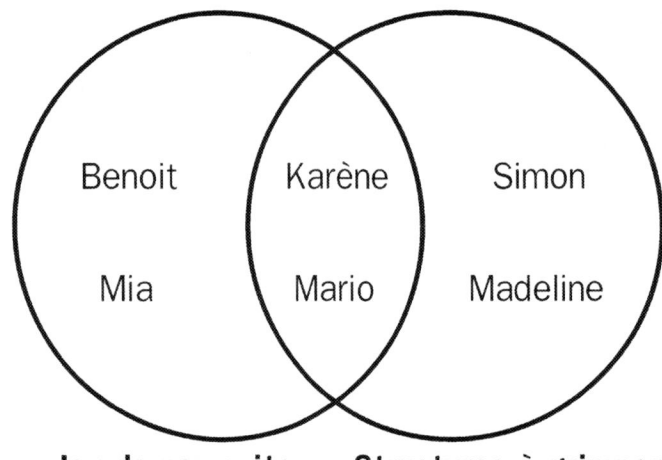

1. Quels élèves aiment le jeu de poursuite, mais n'aiment pas les structures à grimper?
   _____

2. Quels élèves aiment les structures à grimper, mais n'aiment pas le jeu de poursuite?
   _____

3. Quels élèves aiment les deux activités?
   _____

RÉFLÉCHIS BIEN

1. 45
   + 39

2. 61
   + 29

3. 70
   − 44

4. 35
   − 19

LUNDI — Modélisation et algèbre

1. Trouve le nombre qui manque.

   _____ + 10 = 20

2. Quel est le prochain nombre dans la suite si la règle est **soustraire 7**?

   14, _____

3. Crée une suite de couleurs qui se suivent comme les lettres dans AABB.

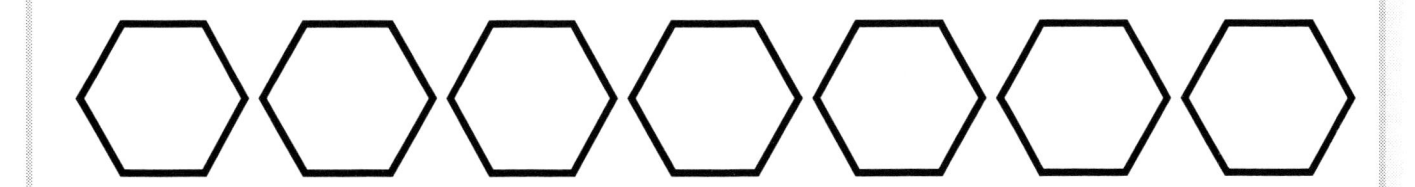

MARDI — Sens du nombre

1. Quel est le nombre?

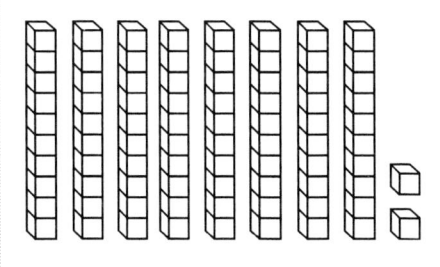

2. Ordonne ces nombres, du **plus petit** au **plus grand**.

   44, 51, 15

   _____, _____, _____

3. Écris ce nombre en chiffres.

   dix-huit _____

4. Colorie 1/3 de cette figure.

Semaine 17

MERCREDI — Géométrie et sens de l'espace

1. Colorie les figures qui ont la **même forme** et la **même grandeur**.

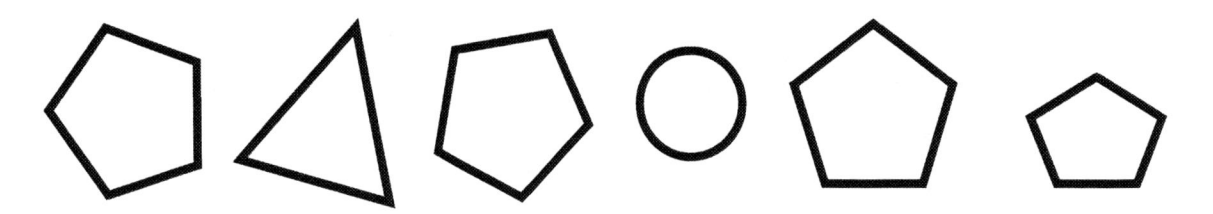

2. Dessine un **octogone**.

3. Quelle figure est **à l'intérieur** du **triangle**?

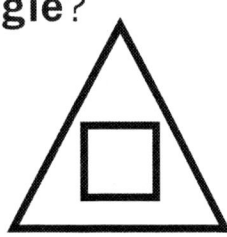

   A. cercle
   B. carré

JEUDI — Mesure

1. Écris l'heure de deux façons.

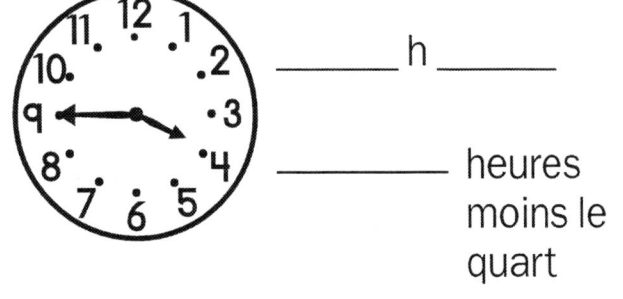

   _____ h _____

   _____ heures moins le quart

2. Encercle le meilleur instrument de mesure pour trouver la date.

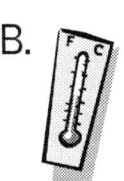

   A.   B.

3. Quel arbre est le plus **grand**?

   A.   B.

4. Mesure la longueur de la ligne.

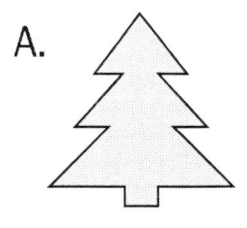

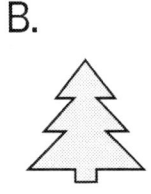

   Elle mesure environ _____ ◯.

VENDREDI — Traitement des données

Sers-toi du diagramme de Venn pour répondre aux questions sur les collations préférées des élèves.

Collations préférées

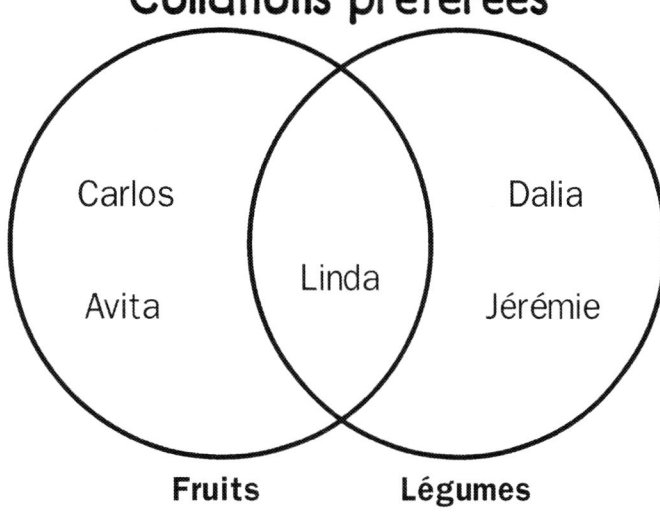

- Fruits : Carlos, Avita
- Fruits et Légumes : Linda
- Légumes : Dalia, Jérémie

1. Quels élèves aiment manger des fruits, mais pas des légumes?

   _____

2. Combien d'élèves aiment manger des légumes comme collation?

   _____

3. Quels élèves aiment manger des légumes, mais pas des fruits?

   _____

RÉFLÉCHIS BIEN

1. 37 + 58

2. 29 + 46

3. 65 − 37

4. 58 − 29

Semaine 17

LUNDI — Modélisation et algèbre

1. Trouve le nombre qui manque.

    _____ - 6 = 4

2. Quel est le prochain nombre dans la suite si la règle est **additionner 10**?

    26, _____

3. Crée une suite de ◯ et de ▭.

Quelle est la règle de ta suite? _____

MARDI — Sens du nombre

1. Quel est le nombre?

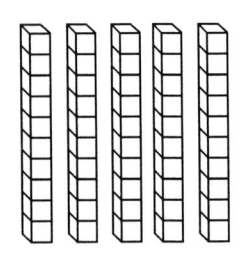

    _____

2. Ordonne ces nombres, du **plus petit** au **plus grand**.

    11 , 55, 32

    _____, _____, _____

3. Combien y a-t-il de dizaines et d'unités dans 63?

    dizaines _____ unités _____

4. Encercle 1/2 du groupe.

MERCREDI — Géométrie et sens de l'espace

1. Colorie le **cube** en rouge.
   Colorie le **cône** en vert.

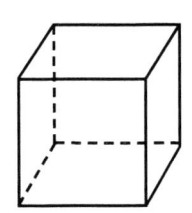

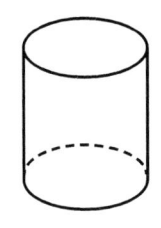

   Colorie le **cylindre** en jaune.
   Colorie le **prisme droit à base rectangulaire** en bleu.

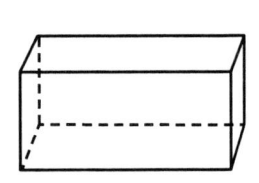

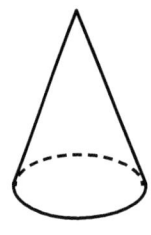

2. Quel est le nom de cette figure à trois dimensions?

   A. cône
   B. pyramide

3. Quelle figure est **au-dessous** du **cercle**?

   A. octogone
   B. rectangle

JEUDI — Mesure

1. Écris l'heure de deux façons.

   _____ h _____

   _____ heures moins le quart

2. Encercle le meilleur instrument de mesure pour trouver la longueur d'un livre.

   A. 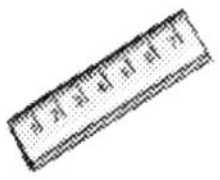   B.

3. Combien de mois y a-t-il dans 2 années?

   _____ mois

4. Mesure la longueur de la ligne.

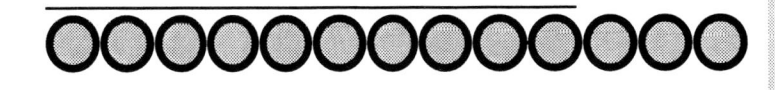

   Elle mesure environ _____ ◯.

Semaine 18

VENDREDI — Traitement des données

Sers-toi du diagramme de Venn pour répondre aux questions sur les clubs scolaires préférés des élèves.

Clubs scolaires préférés

- Bruno
- Jade
- Kim
- Marc
- Sami
- Marjorie

Chant   **Théâtre**

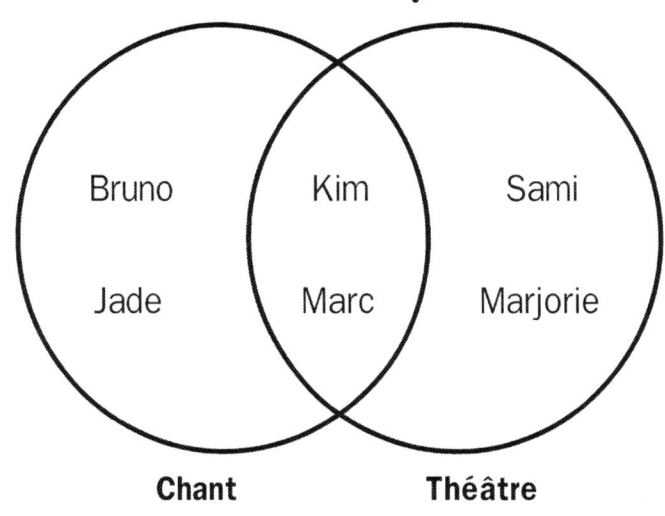

1. Quels élèves sont dans le club de chant, mais pas dans le club de théâtre?

   _____

2. Quels élèves sont dans le club de théâtre, mais pas dans le club de chant?

   _____

3. Combien d'élèves sont dans les deux clubs?

   _____

RÉFLÉCHIS BIEN

1. 22
   + 19

2. 58
   + 14

3. 65
   − 18

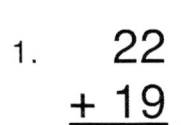

4. 72
   − 31

LUNDI — Modélisation et algèbre

1. Trouve le nombre qui manque.

   _____ + 6 = 18

2. Quel est le prochain nombre dans la suite si la règle est **soustraire 10**?

   35, _____

3. Crée une suite de ◯ , de △ et de ▢ qui se suivent comme les lettres dans ABC.

   _____

MARDI — Sens du nombre

1. Quel est le nombre?

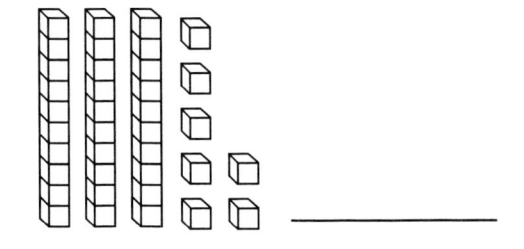

   _____

2. Ordonne ces nombres, du **plus petit** au **plus grand**.

   37 , 3, 54

   _____ , _____ , _____

3. Combien y a-t-il de dizaines et d'unités dans 76?

   dizaines _____ unités _____

4. Colorie 1/2 de cette figure.

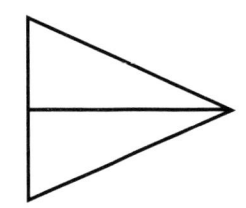

Semaine 19

MERCREDI — Géométrie et sens de l'espace

1. Colorie le **cylindre** en vert.
   Colorie le **cône** en rouge.
   Colorie la **sphère** en orange.
   Colorie le **cube** en bleu.

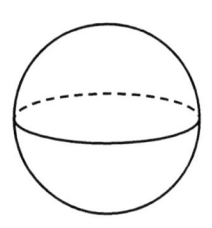

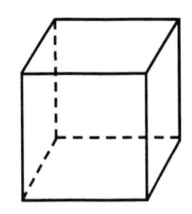

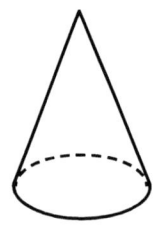

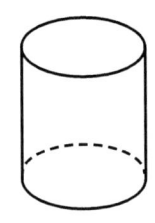

2. Quel est le nom de cette figure à trois dimensions?

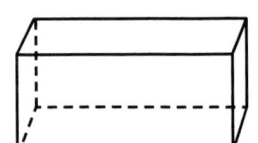

   A. prisme droit à base rectangulaire
   B. cône

3. Trace un axe de symétrie de cette figure.

JEUDI — Mesure

1. Écris l'heure de deux façons.

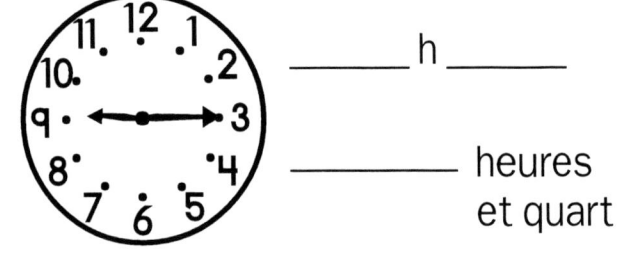

   _____ h _____

   _____ heures et quart

2. Encercle le meilleur instrument de mesure pour trouver la masse des bananes.

   A.    B.

3. Quel jour est entre samedi et lundi?

   A. vendredi
   B. dimanche
   C. mardi

4. Mesure la longueur de la ligne.

   Elle mesure environ _____ .

VENDREDI — Traitement des données

Sers-toi du diagramme de Venn pour répondre aux questions sur les gâteries préférées des élèves.

Gâteries préférées

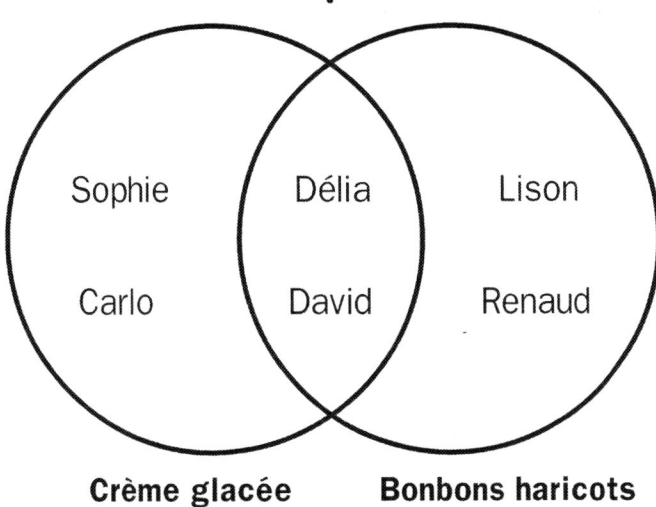

Crème glacée	(intersection)	Bonbons haricots
Sophie	Délia	Lison
Carlo	David	Renaud

1. Quels élèves aiment la crème glacée, mais pas les bonbons haricots?

   _____

2. Combien d'élèves aiment les bonbons haricots?

   _____

3. Quels élèves aiment la crème glacée et les bonbons haricots?

   _____

RÉFLÉCHIS BIEN

1. 77
   + 18

2. 86
   + 12

3. 36
   − 19

4. 56
   − 11

Semaine 19

LUNDI — Modélisation et algèbre

1. Trouve le nombre qui manque.

   _____ - 1 = 11

2. Quel est le prochain nombre de la suite si la règle est **additionner 9**?

   21, _____

3. Crée une suite de ☐ , de ▯ et de ○ qui se suivent comme les lettres dans ABC.

_____

MARDI — Sens du nombre

1. Ajoute le signe approprié.

   31 ◯ 12

   A. <   B. =   C. >

2. Ordonne ces nombres, du **plus grand** au **plus petit**.

   44 , 55, 66

   _____, _____, _____

3. Combien y a-t-il de dizaines et d'unités dans 94?

   dizaines _____ unités _____

4. Colorie 1/4 de cette figure.

MERCREDI — Géométrie et sens de l'espace

1. Colorie le **cylindre** en rouge.   Colorie la **pyramide** en vert.
   Colorie le **cube** en bleu.   Colorie la **sphère** en orange.

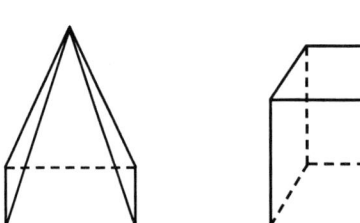

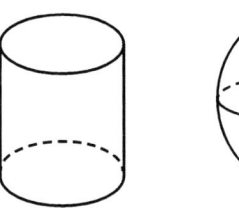

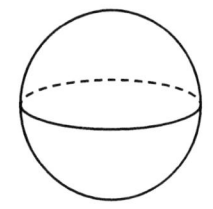

2. Quel est le nom de cette figure à trois dimensions?

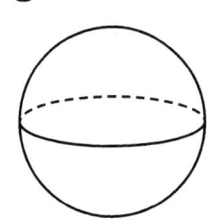

   A. sphère
   B. cône

3. Trace un axe de symétrie de cette figure.

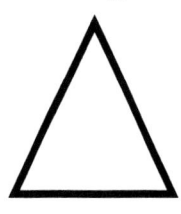

JEUDI — Mesure

1. Écris l'heure de deux façons.

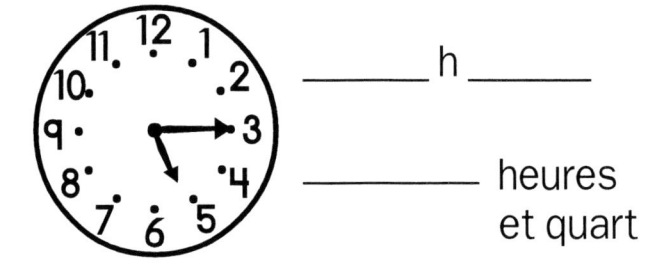

   _____ h _____

   _____ heures et quart

2. Encercle le meilleur instrument pour mesurer un liquide.

   A.  B.

3. Quelle est la meilleure estimation de la longueur d'un insecte?

   A. 2 mètres
   B. 2 centimètres

4. Mesure la longueur de la ligne.

   Elle mesure environ _____ .

Semaine 20

VENDREDI — Traitement des données

Sers-toi du calendrier pour répondre aux questions.

Juillet

Dimanche	Lundi	Mardi	Mercredi	Jeudi	Vendredi	Samedi
		1	2	3	4	5
6	7	8	9	10	11	12
13	14	15	16	17	18	19
20	21	22	23	24	25	26
27	28	29	30	31		

1. Combien de jours y a-t-il en juillet? _____

2. Quel jour est le 12 juillet? _____

3. Quel jour est le 21 juillet? _____

4. Quel jour le mois se termine-t-il? _____

RÉFLÉCHIS BIEN

1. Émile a besoin de 25 ¢ pour acheter un timbre. Il a 17 ¢. Combien d'argent lui manque-t-il?

2. Lisa a cinq chats, deux chiens et sept oiseaux. Combien d'animaux a-t-elle en tout?

LUNDI — Modélisation et algèbre

1. Trouve le nombre qui manque.

    7 + _____ = 16

2. Quel est le prochain nombre dans la suite si la règle est **soustraire 6**?

    15, _____

3. Crée une suite de couleurs.

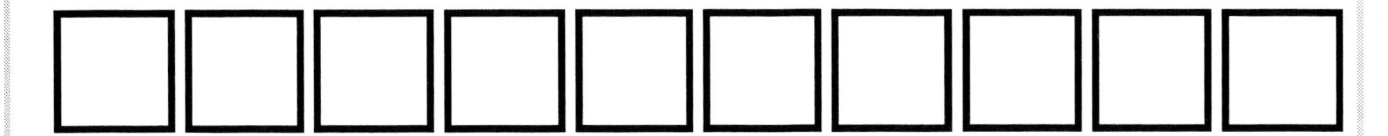

    ☐ ☐ ☐ ☐ ☐ ☐ ☐ ☐ ☐ ☐

Quelle est la règle de ta suite? _____

MARDI — Sens du nombre

1. Ajoute le signe approprié.

    42 ◯ 42

    A. <   B. =   C. >

2. Ordonne ces nombres, du **plus petit** au **plus grand.**

    22 , 67, 41

    _____, _____, _____

3. Combien y a-t-il de dizaines et d'unités dans 83?

    dizaines _____ unités _____

4. Encercle 1/3 du groupe.

Semaine 21

MERCREDI — Géométrie et sens de l'espace

1. Colorie en vert les figures qui ont **plus de 3 côtés**.

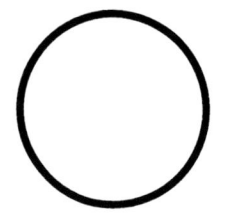

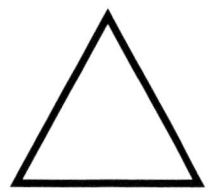

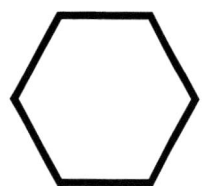

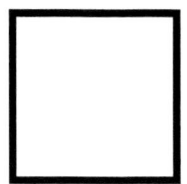

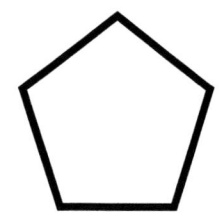

2. Quel est le nom de cette figure à trois dimensions?

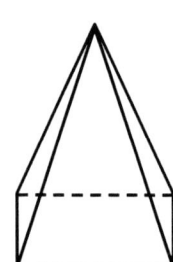

   A. sphère
   B. pyramide

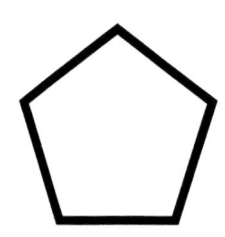

3. Trace un axe de symétrie de cette figure.

JEUDI — Mesure

1. Écris l'heure de deux façons.

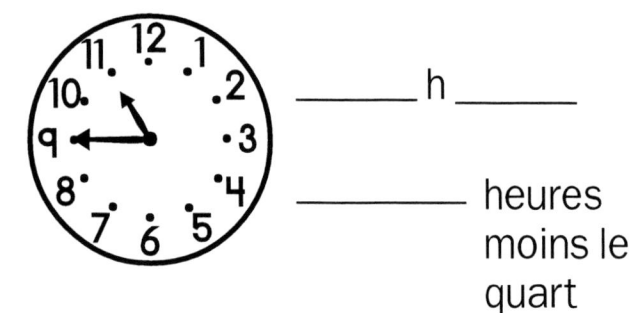

   _____ h _____

   _____ heures moins le quart

2. Quel mois vient juste avant septembre?

   A. août
   B. janvier
   C. juillet

3. Quelle est la meilleure estimation de la longueur d'une voiture?

   A. 4 mètres
   B. 4 centimètres

4. Mesure la longueur de la ligne.

   Elle mesure environ _____ .

VENDREDI — Traitement des données

Sers-toi du calendrier pour répondre aux questions.

Novembre

Dimanche	Lundi	Mardi	Mercredi	Jeudi	Vendredi	Samedi
				1	2	3
4	5	6	7	8	9	10
11	12	13	14	15	16	17
18	19	20	21	22	23	24
25	26	27	28	29	30	

1. Combien de jours y a-t-il en novembre? _____

2. Quel jour est le 16 novembre? _____

3. Quel jour est le 20 novembre? _____

4. Quel jour le mois de décembre va-t-il commencer? _____

RÉFLÉCHIS BIEN

1. Hugo a besoin de 30 ¢ pour acheter une carte de hockey. Il a 21 ¢. Combien d'argent lui manque-t-il?

2. Anna a trois chiens, quatre chats, six hamsters et un oiseau. Combien d'animaux a-t-elle en tout?

Semaine 21

LUNDI — Modélisation et algèbre

1. Trouve le nombre qui manque.

    _____ + 10 = 13

2. Quel est le prochain nombre dans la suite si la règle est **soustraire 4**?

    19, _____

3. Crée une suite de ☐ et de ○.

    _____

    Quelle est la règle de ta suite? _____

MARDI — Sens du nombre

1. Ajoute le signe approprié.

    51 ◯ 90

    A. <   B. =   C. >

2. Ordonne ces nombres, du **plus petit** au **plus grand.**

    76, 62, 89

    _____, _____, _____

3. Combien y a-t-il de dizaines et d'unités dans 76?

    dizaines _____ unités _____

4. Encercle 1/4 du groupe.

64 — Chalkboard Publishing © 2010 — Semaine 22

MERCREDI — Géométrie et sens de l'espace

1. Colorie en rouge les figures qui ont **plus de 5 sommets**.

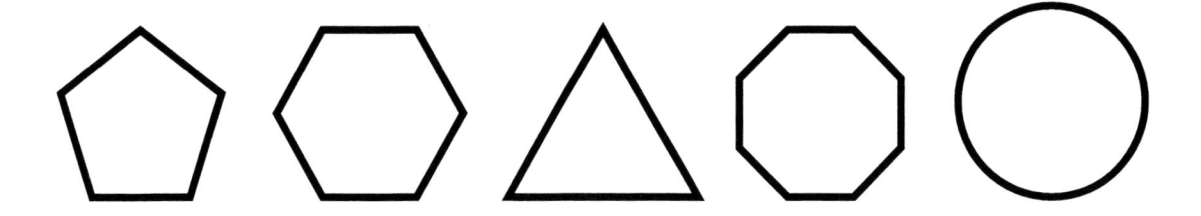

2. Peux-tu empiler des figures à trois dimensions comme celle-ci?

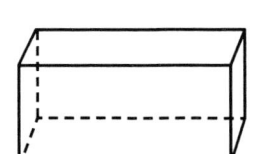

   A. oui
   B. non

3. Trace un axe de symétrie de cette figure.

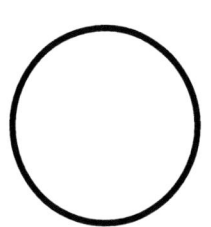

JEUDI — Mesure

1. Écris l'heure de deux façons.

   _____ h _____

   _____ heures et quart

2. Mesure la longueur de la ligne.

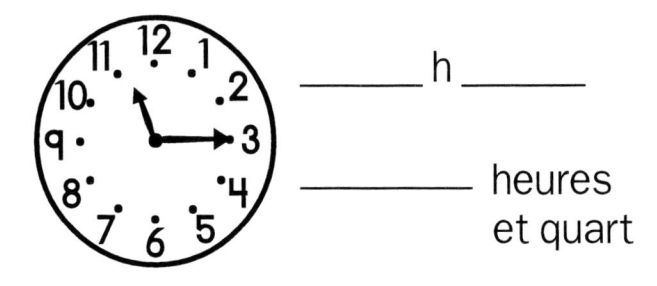

   Elle mesure environ _____ ⚽.

3. Trouve le **périmètre**.

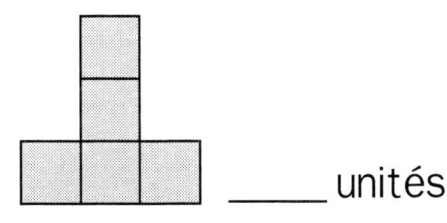

   _____ unités

4. Trouve l'aire.

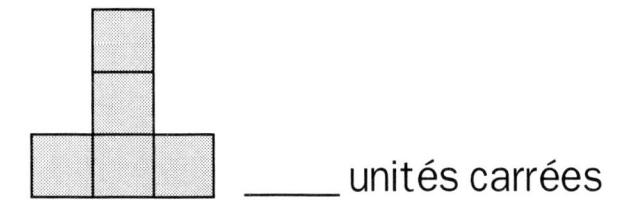

   _____ unités carrées

Semaine 22

VENDREDI — Traitement des données

Voici les résultats d'un sondage sur les parfums de crème glacée préférés. Sers-toi du diagramme à bandes pour répondre aux questions.

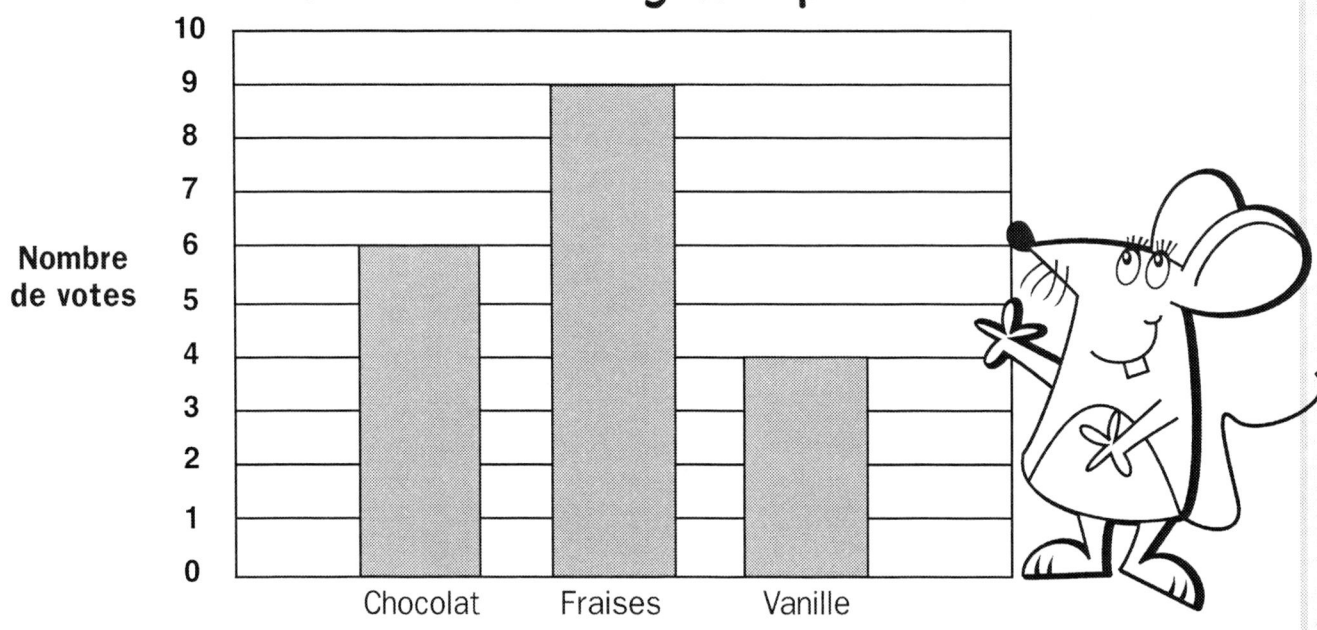

Parfums de crème glacée préférés

Nombre de votes (axe vertical de 0 à 10)
- Chocolat : 6
- Fraises : 9
- Vanille : 4

Parfums de crème glacée

1. Que montre ce diagramme? _____

2. Combien de votes la crème glacée au chocolat a-t-elle obtenus? _____

3. Quel parfum est **le plus** populaire? _____

4. Quel parfum est **le moins** populaire? _____

RÉFLÉCHIS BIEN

Il y a 37 grenouilles dans l'étang. Puis 19 grenouilles partent en bondissant. Combien de grenouilles reste-t-il?

LUNDI — Modélisation et algèbre

1. Trouve le nombre qui manque.

   _____ - 1 = 9

2. Quel est le prochain nombre de la suite si la règle est **additionner 3**?

   16, _____

3. Crée une suite de couleurs.

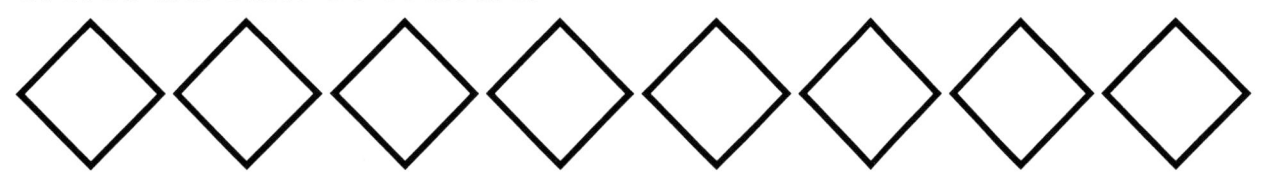

   ◇◇◇◇◇◇◇◇

   Quelle est la règle de ta suite? _____

MARDI — Sens du nombre

1. Ajoute le signe approprié.

   99 ◯ 99

   A. <   B. =   C. >

2. Ordonne ces nombres, du **plus grand** au **plus petit**.

   21, 12, 31

   _____, _____, _____

3. Combien y a-t-il de dizaines et d'unités dans 55?

   dizaines _____ unités _____

4. Encercle 1/3 du groupe.

Semaine 23

MERCREDI — Géométrie et sens de l'espace

1. Colorie en rouge les figures qui ont **4 côtés**.

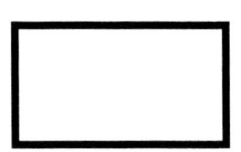

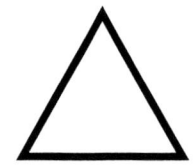

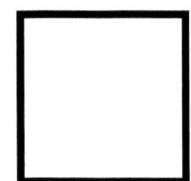

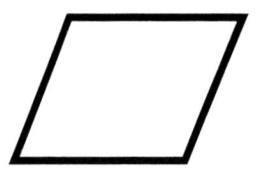

2. Peux-tu empiler des figures à trois dimensions comme celle-ci?

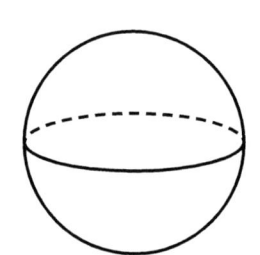

   A. oui
   B. non

3. Trace un axe de symétrie de cette figure.

JEUDI — Mesure

1. Écris l'heure de deux façons.

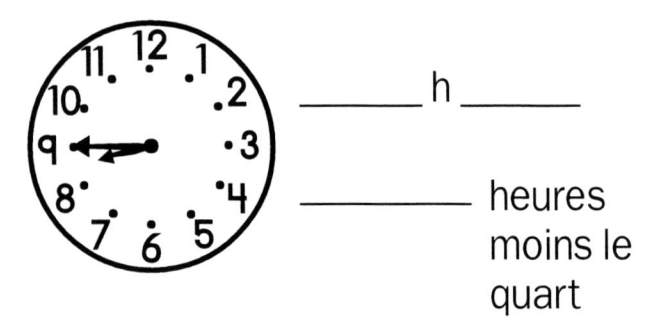

   _____ h _____

   _____ heures moins le quart

2. Mesure la longueur de la ligne.

   Elle mesure environ _____ .

3. Trouve le **périmètre**.

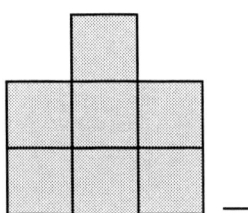

   _____ unités

3. Trouve l'**aire**.

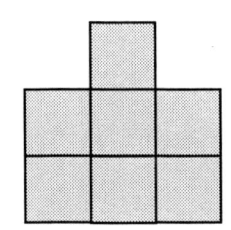

   _____ unités carrées

VENDREDI — Traitement des données

Voici les résultats d'un sondage sur les fruits préférés. Sers-toi du diagramme à bandes pour répondre aux questions.

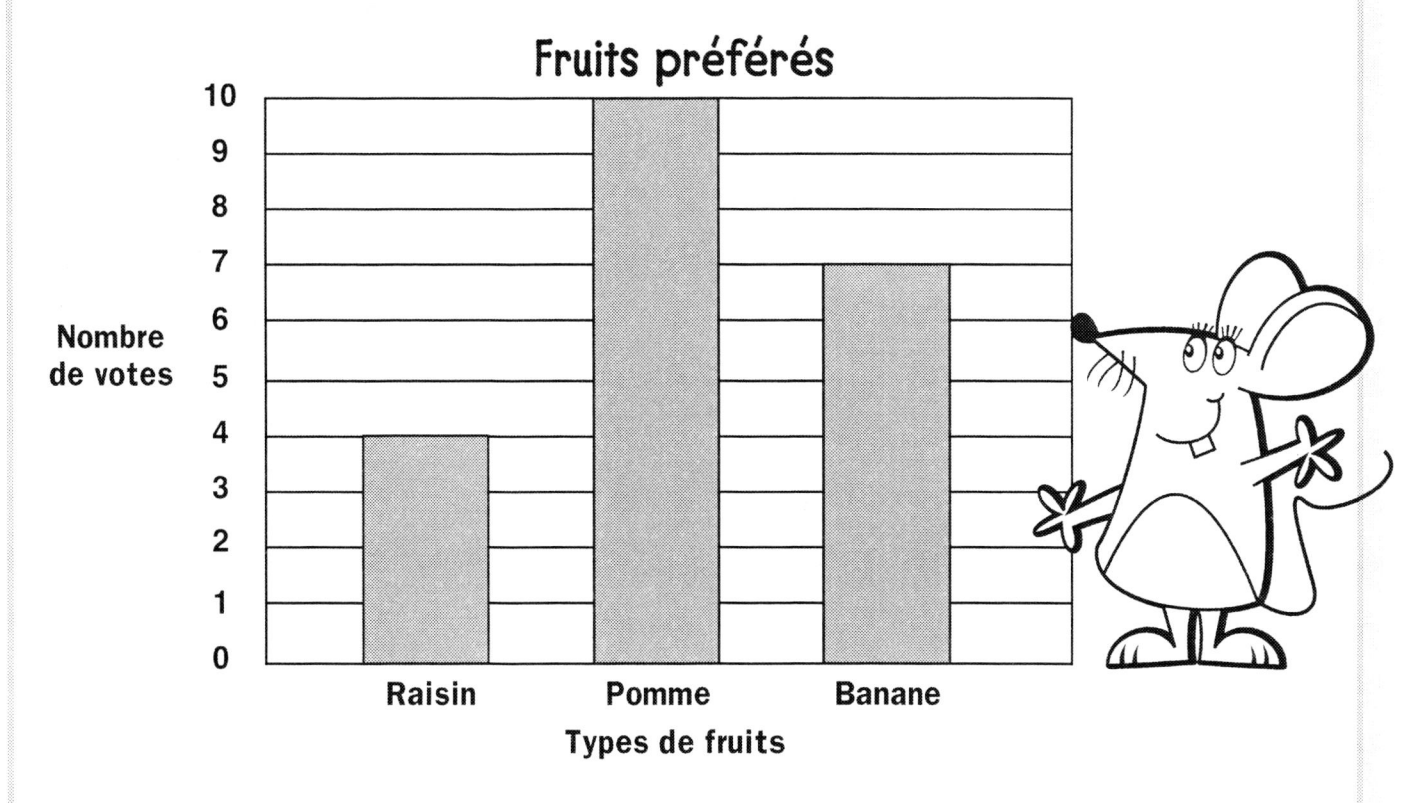

Fruits préférés

(Nombre de votes : Raisin = 4, Pomme = 10, Banane = 7)

Types de fruits

1. Quel fruit est **le plus** populaire? _____

2. Quel fruit est **le moins** populaire? _____

3. Ordonne les fruits, de celui qui a obtenu le moins de votes à celui qui en a obtenu le plus. _____

RÉFLÉCHIS BIEN

Katy a 35 bonbons haricots. Elle en achète 57 autres. Combien de bonbons haricots Katy a-t-elle en tout?

Semaine 23

LUNDI — Modélisation et algèbre

1. Trouve le nombre qui manque.

    7 + _____ = 17

2. Quel est le prochain nombre dans la suite si la règle est **additionner 5**?

    20, _____

3. Crée une suite de ◇, de ○ et de △ qui se suivent comme les lettres dans ABC.

    _____

MARDI — Sens du nombre

1. Ajoute le signe approprié.

    33 ◯ 33

    A. <   B. =   C. >

2. Ordonne ces nombres, du **plus petit** au **plus grand.**

    44, 14, 29

    _____, _____, _____

3. Combien y a-t-il de dizaines et d'unités dans 38?

    dizaines _____ unités _____

4. Encercle 1/2 du groupe.

MERCREDI — Géométrie et sens de l'espace

1. Colorie en vert les figures qui ont **moins de 8 sommets**.

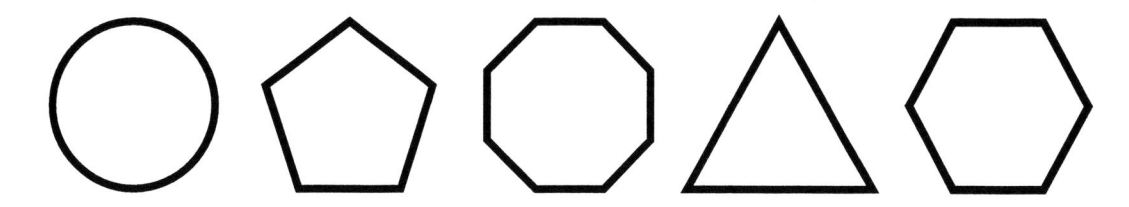

2. Cette figure à trois dimensions peut-elle rouler?

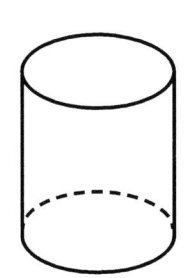

   A. oui
   B. non

3. Quelle figure est à **l'extérieur** du **parallélogramme**?

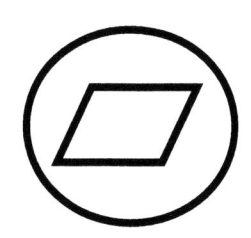

   A. pentagone
   B. cercle

JEUDI — Mesure

1. Quelle heure sera-t-il dans 1 heure?

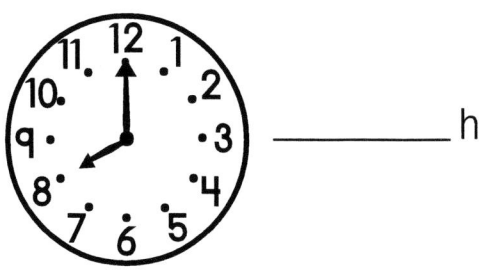

   _____ h

2. Mesure la longueur de la ligne.

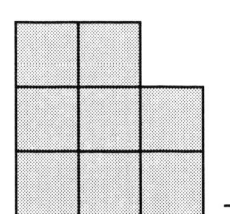

   Elle mesure environ _____ .

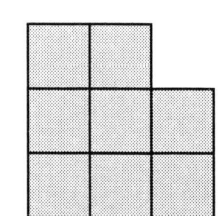

3. Trouve le **périmètre**.

   _____ unités

4. Trouve l'aire.

   _____ unités carrées

Semaine 24

VENDREDI — Traitement des données

Voici les résultats d'un sondage sur la musique préférée. Sers-toi du diagramme à bandes pour répondre aux questions.

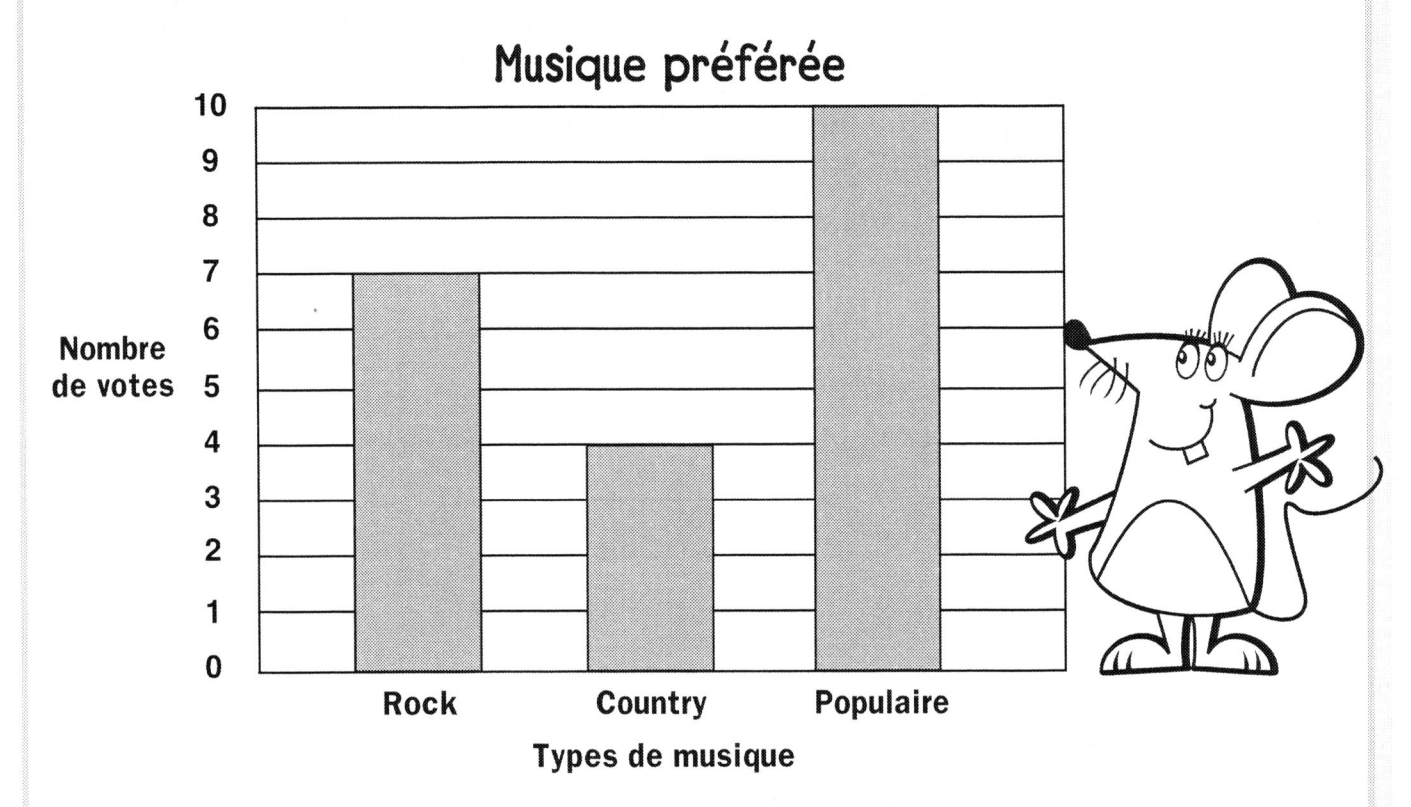

Musique préférée

(Diagramme à bandes — Nombre de votes selon les types de musique :
- Rock : 7
- Country : 4
- Populaire : 10)

1. Quelle musique est **la plus** populaire? _____

2. Quelle musique est **la moins** populaire? _____

3. Ordonne les types de musique, de celui qui a obtenu le plus de votes à celui qui en a obtenu le moins. _____

RÉFLÉCHIS BIEN

Alexandre a 67 cartes de hockey. Il donne 19 cartes à Raoul. Combien de cartes lui reste-t-il?

LUNDI — Modélisation et algèbre

1. Trouve le nombre qui manque.

   _____ - 6 = 5

2. Quel est le prochain nombre dans la suite si la règle est **soustraire 2**?

   13, _____

3. Compte par intervalles de 10.

   40, 50, _____, _____, _____, _____, _____

MARDI — Sens du nombre

1. Sers-toi de la droite numérique pour trouver le nombre qui complète la phrase.

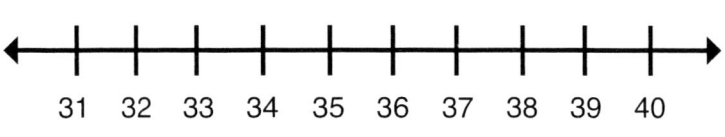

   31 32 33 34 35 36 37 38 39 40

   36 est deux de plus que _____

2. Ordonne ces nombres, du **plus grand** au **plus petit**.

   85, 7, 90

   _____, _____, _____

3. Combien y a-t-il de dizaines et d'unités dans 29?

   dizaines _____ unités _____

4. Encercle la **quatrième** licorne.

Semaine 25

MERCREDI — Géométrie et sens de l'espace

1. Colorie l'**octogone** en rouge. Colorie le **trapèze** en vert.
   Colorie les **pentagones** en jaune. Colorie les **rectangles** en rouge.

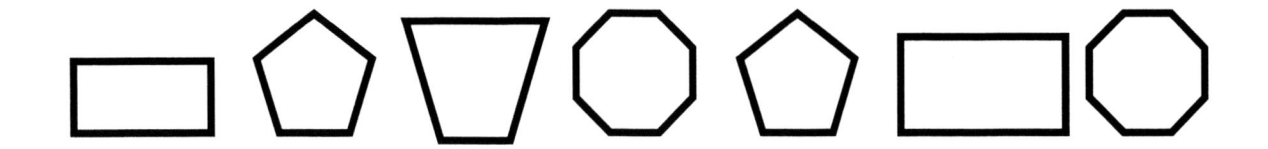

2. Cette figure à trois dimensions peut-elle rouler?

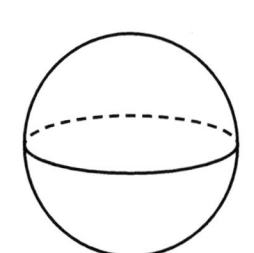

   A. oui
   B. non

3. Trace un axe de symétrie de cette figure.

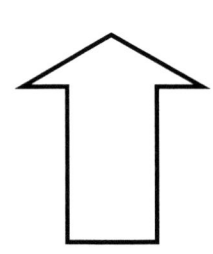

JEUDI — Mesure

1. Quelle heure était-il il y a 1 heure?

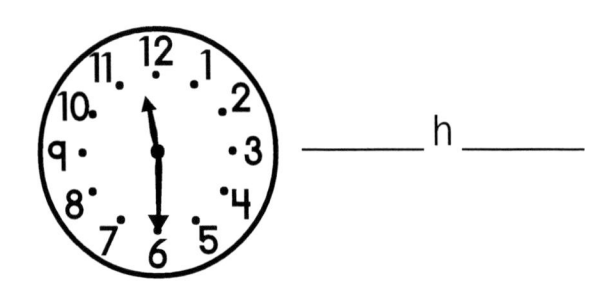

   _____ h _____

2. Quel mois vient juste après septembre?

   A. décembre
   B. octobre
   C. avril

3. Trouve le **périmètre**.

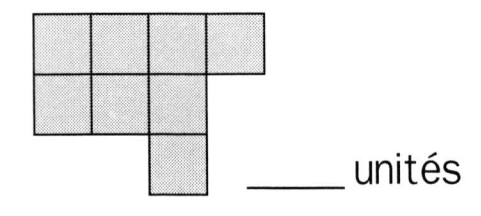

   _____ unités

4. Trouve l'**aire**.

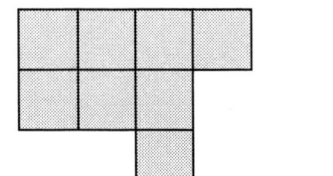

   _____ unités carrées

VENDREDI — Traitement des données

Voici les résultats d'un sondage sur les animaux préférés. Sers-toi du diagramme à bandes pour répondre aux questions.

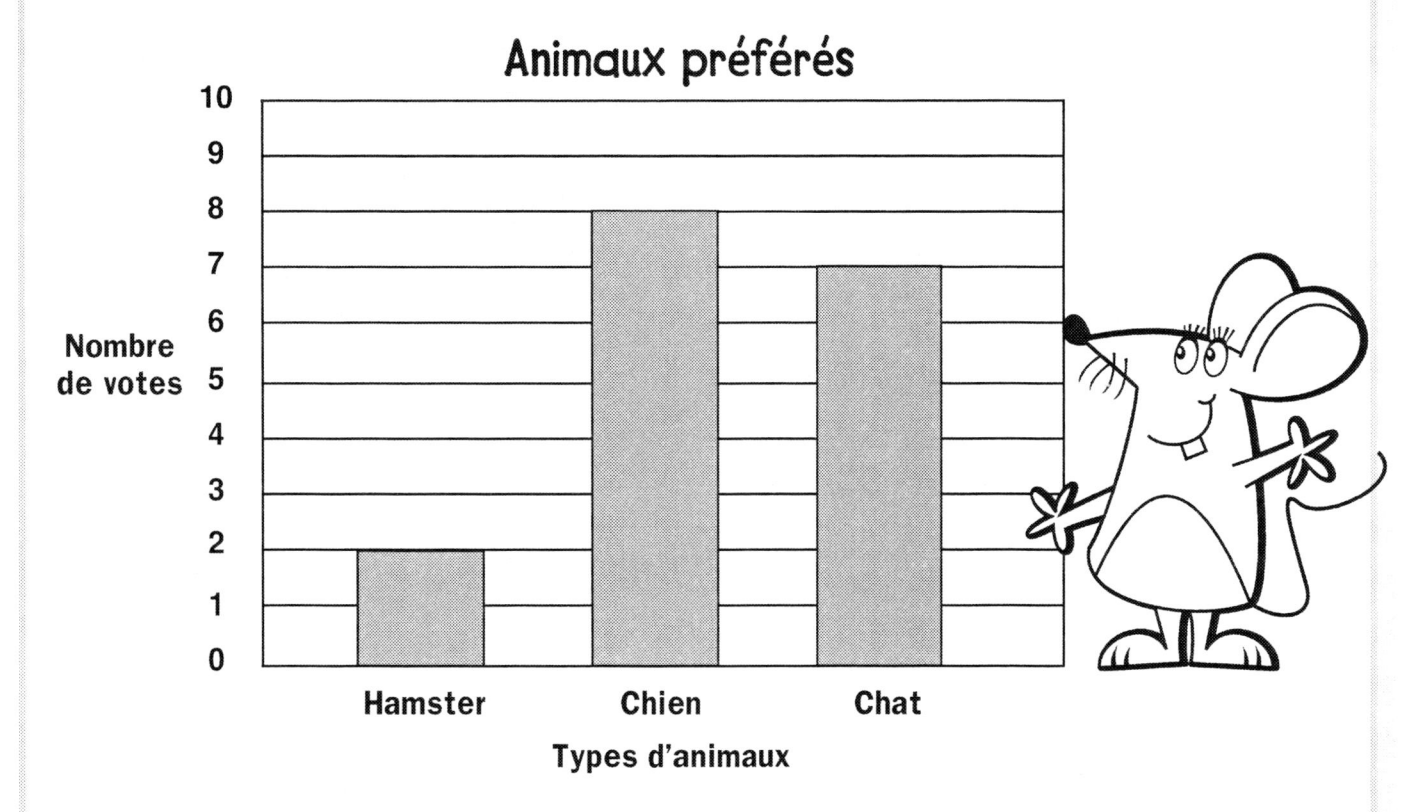

Animaux préférés

Nombre de votes (axe vertical, 0 à 10) :
- Hamster : 2
- Chien : 8
- Chat : 7

Types d'animaux

1. Quel animal est **le plus** populaire? _____

2. Quel animal est **le moins** populaire? _____

3. Combien d'élèves en tout ont voté pour le hamster ou pour le chat?
_____

RÉFLÉCHIS BIEN

Caroline a fait 24 biscuits aux brisures de chocolat et 36 biscuits à la farine d'avoine. Combien de biscuits Caroline a-t-elle faits en tout?

Semaine 25

LUNDI — Modélisation et algèbre

1. Trouve le nombre qui manque.

    _____ + 9 = 14

2. Quel est le prochain nombre dans la suite si la règle est **soustraire 5**?

    15, _____

3. Compte par intervalles de 2.

    22, 24, _____, _____, _____, _____, _____

MARDI — Sens du nombre

1. Sers-toi de la droite numérique pour trouver le nombre qui complète la phrase.

    41 42 43 44 45 46 47 48 49 50

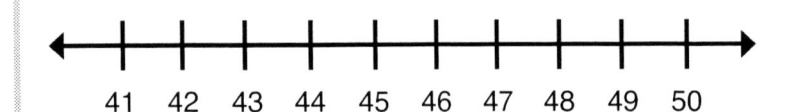

    48 est un de moins que _____

2. Quel nombre correspond à **5 dizaines** et **6 unités**?

    A. 56   B. 60   C. 65

3. Combien y a-t-il de dizaines et d'unités dans 72?

    dizaines _____ unités _____

4. Encercle le **sixième** éléphant.

MERCREDI — Géométrie et sens de l'espace

1. Observe les figures. S'agit-il d'une réflexion, d'une translation ou d'une rotation?

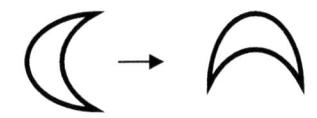

   A. réflexion   B. translation   C. rotation

2. Observe les figures. S'agit-il d'une réflexion, d'une translation ou d'une rotation?

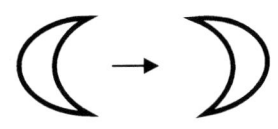

   A. réflexion   B. translation   C. rotation

3. Cette figure à trois dimensions peut-elle rouler?

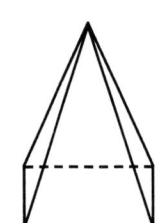

   A. oui
   B. non

4. Trace un axe de symétrie de cette figure.

   H

JEUDI — Mesure

1. Écris l'heure de deux façons.

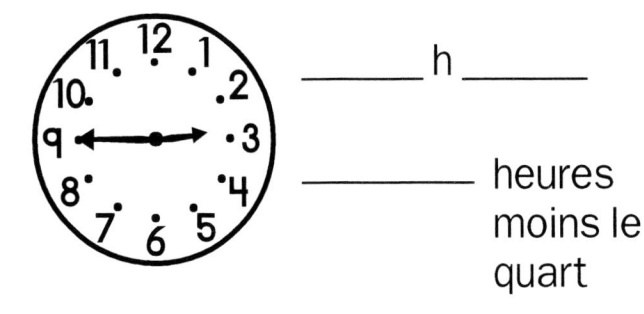

   _____ h _____

   _____ heures moins le quart

2. Lequel est le **plus léger**?

   A.   B.

3. Trouve le **périmètre**.

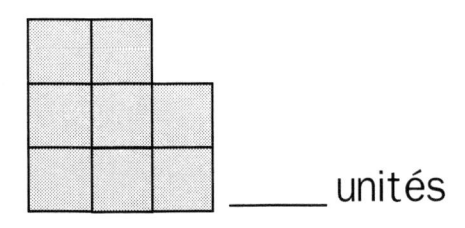

   _____ unités

4. Trouve l'aire.

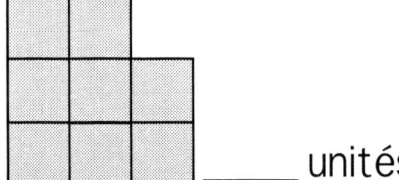

   _____ unités carrées

Semaine 26

VENDREDI — Traitement des données

Voici les résultats d'un sondage sur les légumes préférés. Sers-toi du diagramme à bandes pour répondre aux questions.

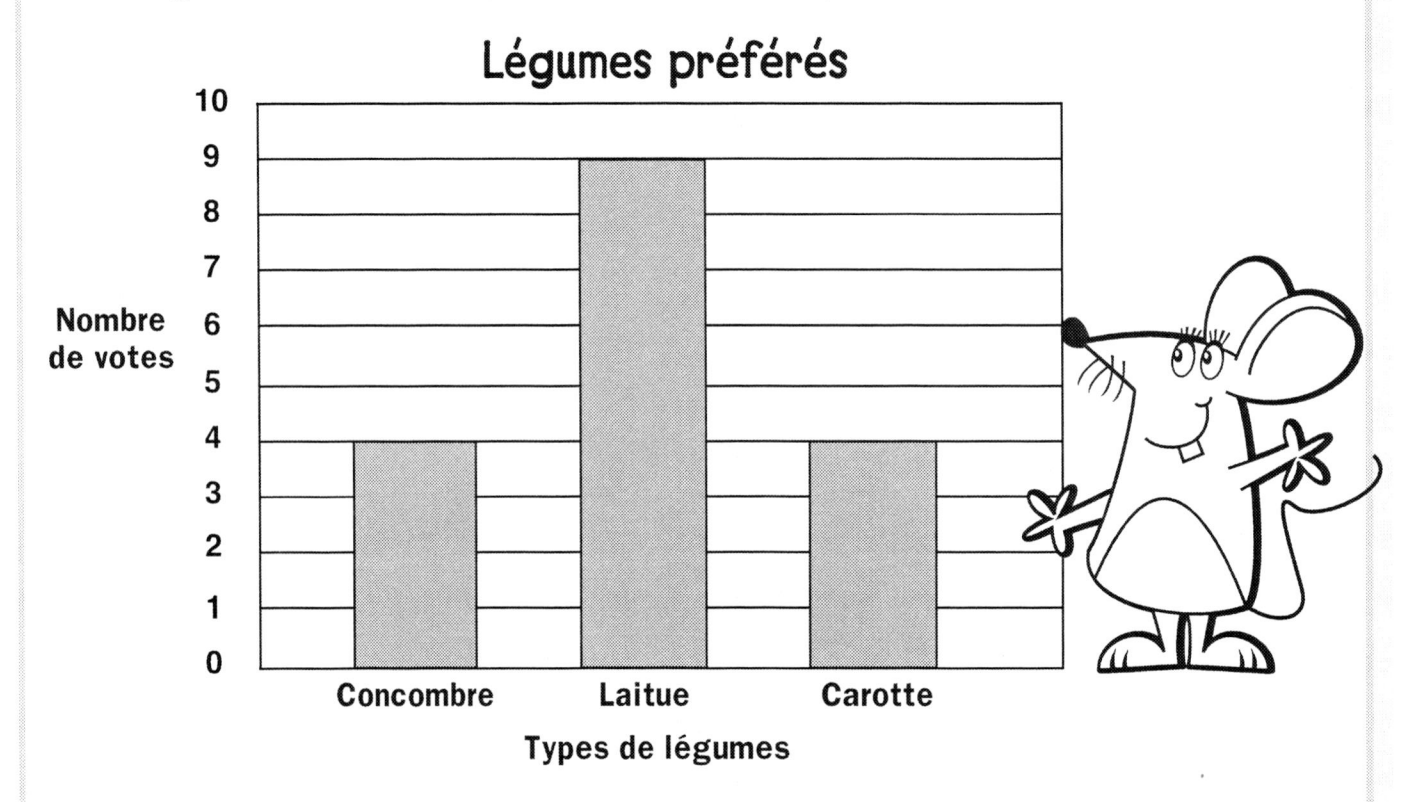

Légumes préférés

(Nombre de votes — Concombre : 4, Laitue : 9, Carotte : 4)

Types de légumes

1. Quel légume est **le plus** populaire? _____

2. Combien de personnes de plus ont préféré la laitue à la carotte?

   _____

3. Deux des légumes ont obtenu le **même** nombre de votes. Lesquels?

   _____

RÉFLÉCHIS BIEN

Il y a 81 fourmis sur une pierre. Puis 57 fourmis partent. Combien de fourmis reste-t-il?

LUNDI — Modélisation et algèbre

1. Trouve le nombre qui manque.

    16 - _____ = 8

2. Quel est le prochain nombre dans la suite si la règle est **additionner 10**?

    9, _____

3. Compte par intervalles de 5.

    65, 70, _____, _____, _____, _____, _____

MARDI — Sens du nombre

1. Trouve le nombre qui manque.

    juste après

    89, _____

2. Quel nombre correspond à **8 dizaines** et **2 unités**?

    A. 28   B. 80   C. 82

3. De quelle autre façon peux-tu écrire 99?

    A. 9 + 90
    B. 90 + 9
    C. 9 + 9

4. Ce nombre est-il **pair** ou **impair**?

    71

    _____

Semaine 27

MERCREDI — Géométrie et sens de l'espace

1. Colorie les **hexagones** en rouge. Colorie les **cercles** en bleu.
   Colorie les **triangles** en jaune. Colorie le **parallélogramme** en vert.

2. Cette figure à trois dimensions peut-elle rouler?

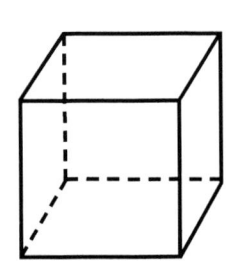

   A. oui
   B. non

3. Quelle figure est **au-dessus** du **pentagone**?

   A. pentagone
   B. cercle

JEUDI — Mesure

1. Écris l'heure de deux façons.

   _____ h _____

   _____ heures moins le quart

2. Lequel est le **plus lourd**?

   A.    B.

3. Trouve le **périmètre**.

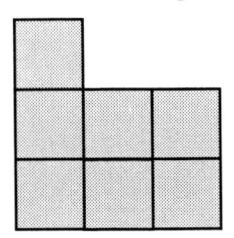

   _____ unités

4. Trouve l'**aire**.

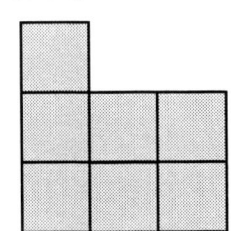

   _____ unités carrées

VENDREDI — Traitement des données

Voici les résultats d'un sondage sur les couleurs préférées. Sers-toi du tableau des effectifs pour répondre aux questions.

Couleurs	Dénombrement	Effectif
Rouge	||||| ||||	
Bleu	||||| ||||| |||	
Vert	||||| |||	
Jaune	||	

1. Quelle couleur est **la plus** populaire? _____

2. Quelle couleur est **la moins** populaire? _____

3. Combien de personnes en tout ont choisi le vert ou le jaune?

   _____

4. Ordonne les couleurs, de la plus populaire à la moins populaire.

   _____

RÉFLÉCHIS BIEN

Julie a dépensé 89 ¢ pour un cornet de crème glacée. Dessine le plus petit nombre de pièces de monnaie qu'elle aurait pu utiliser pour payer son cornet.

Semaine 27

LUNDI — Modélisation et algèbre

1. Trouve le nombre qui manque.

   _____ + 4 = 13

2. Quel est le prochain nombre dans la suite si la règle est **soustraire 7**?

   20, _____

3. Compte par intervalles de 10.

   20, 30, _____, _____, _____, _____, _____

MARDI — Sens du nombre

1. Trouve le nombre qui manque.

   entre

   26, _____, 28

2. Quel nombre correspond à **7 dizaines** et **4 unités**?

   A. 74   B. 70   C. 47

3. De quelle autre façon peux-tu écrire 72?

   A. 70 + 2
   B. 7 + 2
   C. 7 + 20

4. Colorie 1/4 de cette figure.

MERCREDI — Géométrie et sens de l'espace

1. Colorie les **pentagones** en rouge.
   Colorie le **triangle** en bleu.
   Colorie les **octogones** en orange.
   Colorie les **trapèzes** en vert.

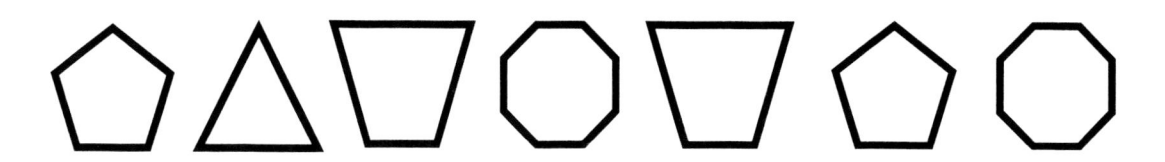

2. Observe les figures. S'agit-il d'une réflexion, d'une translation ou d'une rotation?

   A. réflexion   B. translation   C. rotation

3. Trace un axe de symétrie de cette figure.

   A

JEUDI — Mesure

1. Quelle heure était-il, il y a 1 heure?

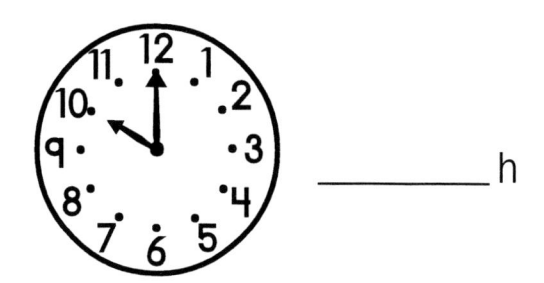

   _____ h

2. Quel mois est entre mai et juillet?

   A. juin   B. août   C. avril

3. Trouve le **périmètre**.

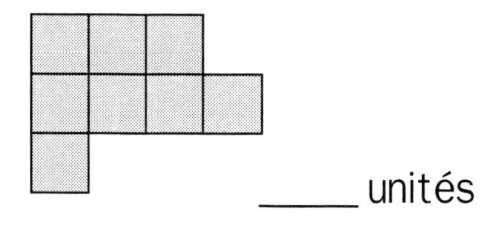

   _____ unités

4. Trouve l'**aire**.

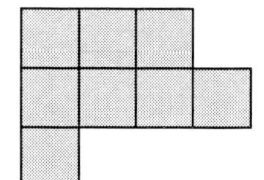

   _____ unités carrées

Semaine 28

VENDREDI — Traitement des données

Sers-toi du diagramme de Venn pour répondre aux questions sur les artistes de cirque préférés des élèves.

Artistes de cirque préférés

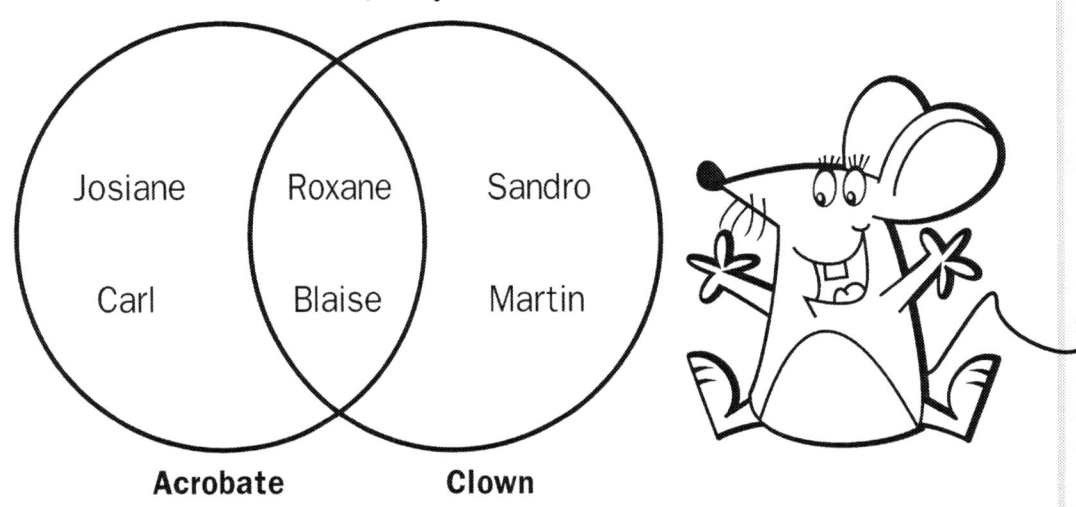

- Acrobate : Josiane, Carl
- Intersection : Roxane, Blaise
- Clown : Sandro, Martin

1. Quels élèves aiment les clowns, mais pas les acrobates?

   _____

2. Combien d'élèves aiment les acrobates?

   _____

3. Quels élèves aiment les clowns et les acrobates?

   _____

RÉFLÉCHIS BIEN

Damien a dépensé 67 ¢ pour un lait frappé aux fruits. Dessine le plus petit nombre de pièces de monnaie qu'il aurait pu utiliser pour payer son lait frappé.

LUNDI — Modélisation et algèbre

1. Trouve le nombre qui manque.

    18 - _____ = 13

2. Quel est le prochain nombre dans la suite si la règle est **additionner 6**?

    12, _____

3. Compte par intervalles de 5.

    35, 40, _____, _____, _____, _____, _____

MARDI — Sens du nombre

1. Trouve le nombre qui manque.

    juste avant

    _____, 62

2. Écris ce nombre en chiffres.

    dix-sept _____

3. De quelle autre façon peux-tu écrire 85?

    A. 8 + 5
    B. 80 + 5
    C. 80 + 50

4. Ce nombre est-il **impair** ou **pair**?

    62

    _____

Semaine 29

MERCREDI — Géométrie et sens de l'espace

1. Colorie les figures qui ont la **même forme** et la **même grandeur**.

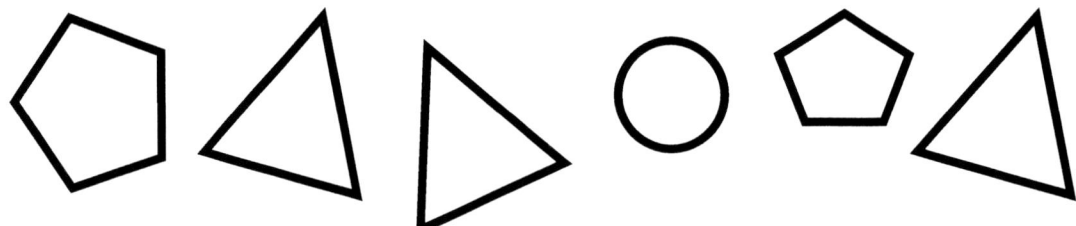

2. Observe les figures. S'agit-il d'une réflexion, d'une translation ou d'une rotation?

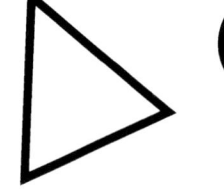

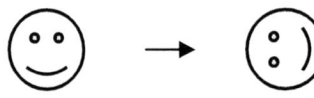

A. réflexion   B. translation   C. rotation

3. Combien de côtés cette figure a-t-elle?

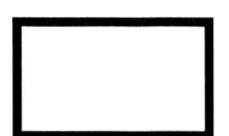

JEUDI — Mesure

1. Quelle heure sera-t-il **dans 1 heure**?

_____ h _____

2. Mesure la longueur de la ligne.

Elle mesure environ _____ .

3. Trouve le **périmètre**.

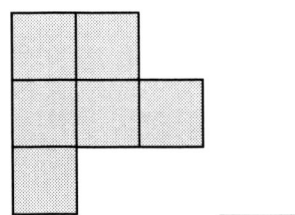

_____ unités

4. Trouve l'**aire**.

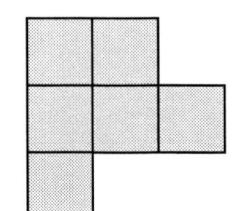

_____ unités carrées

VENDREDI — Traitement des données

1. Complète le tableau des effectifs.

Modes de transport préférés

	Effectif	Dénombrement
(planche à roulettes)	9	
(vélo)	17	
(trottinette)	13	

2. Encercle le mode de transport **le plus** populaire.

3. Encercle le mode de transport **le moins** populaire.

4. Combien de personnes de plus ont préféré la 🚲 à la 🛹 ? _____

RÉFLÉCHIS BIEN

Brady veut acheter une canne à pêche qui coûte un dollar. Il a 92 ¢. Combien d'argent lui manque-t-il?

Semaine 29

LUNDI — Modélisation et algèbre

1. Trouve le nombre qui manque.

    _____ + 8 = 20

2. Quel est le prochain nombre dans la suite si la règle est **soustraire 2**?

    22, _____

3. Compte par intervalles de 2.

    56, 58, _____, _____, _____, _____, _____

MARDI — Sens du nombre

1. Trouve les nombres qui manquent

    juste avant et après

    _____, 77, _____

2. Écris ce nombre en chiffres.

    quatorze _____

3. De quelle autre façon peux-tu écrire 46?

    A. 40 + 6
    B. 4 + 60
    C. 40 + 60

4. Ce nombre est-il **impair** ou **pair**?

    89

    _____

MERCREDI — Géométrie et sens de l'espace

1. Colorie les figures qui ont la **même forme** et la **même grandeur**.

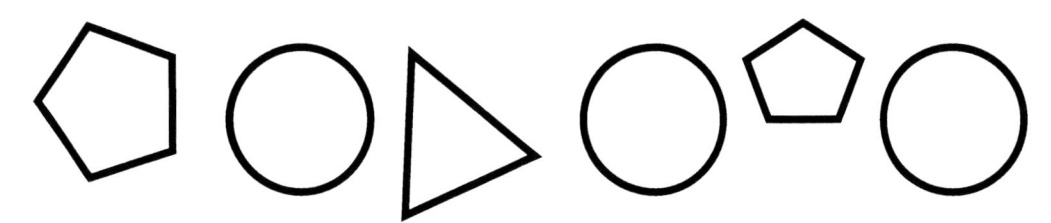

2. Observe les figures. S'agit-il d'une réflexion, d'une translation ou d'une rotation?

   A. réflexion   B. translation   C. rotation

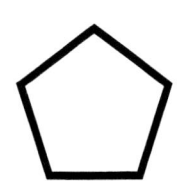

3. Combien de sommets cette figure a-t-elle?

JEUDI — Mesure

1. Écris l'heure de deux façons.

   _____ h _____

   _____ heures moins le quart

2. Mesure la longueur de la ligne.

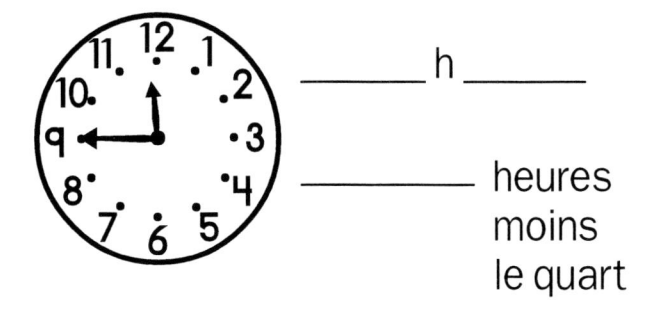

   Elle mesure environ _____ .

3. Trouve le **périmètre**.

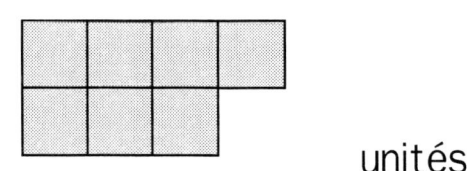

   _____ unités

4. Trouve l'**aire**.

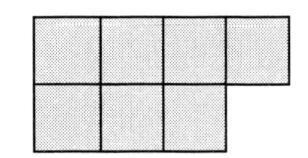

   _____ unités carrées

Semaine 30

VENDREDI — Traitement des données

Niko est allé à la pêche. Regarde le tableau pour savoir combien de poissons Niko a attrapés de lundi à vendredi.

Jour de la semaine	Lundi	Mardi	Mercredi	Jeudi	Vendredi
Nombre de poissons attrapés	2	4	6	8	10

1. Quel jour Niko a-t-il attrapé le plus de poissons? _____

2. Quel jour Niko a-t-il attrapé le moins de poissons? _____

3. Quelle est la différence entre le plus grand nombre de poissons et le plus petit nombre de poissons que Niko a attrapés?

   _____

RÉFLÉCHIS BIEN

Complète le tableau. Combien de chacune des pièces de monnaie faut-il pour arriver à chaque somme indiquée?

	1¢	5¢	10¢	25¢
33 ¢				
67 ¢				
90 ¢				

Semaine 1

Lundi	**1.** rép. vont varier **2.** rép. vont varier
Mardi	**1.** 2 dizaines 4 unités, 24 **2.** 6 **3.** 7 **4.** 25 ¢
Mercredi	**1.** triangle **2.** 3 **3.** 3
Jeudi	**1.** 7 h **2.** 5 h **3.** a **4.** 3
Vendredi	**1.** 4 **2.** 5 **3.** chien **4.** oiseau
Réfléchis bien	9 ballons

Semaine 2

Lundi	**1.** rép. vont varier **2.** rép. vont varier
Mardi	**1.** 4 dizaine 8 unités, 48 **2.** 1 **3.** 10 **4.** 17 ¢
Mercredi	**1.** cercle **2.** 0 **3.** 0
Jeudi	**1.** 9 h **2.** 4 h **3.** a **4.** 1
Vendredi	**1.** 8 **2.** 5 **3.** 3 **4.** 16
Réfléchis bien	6 fourmis

Semaine 3

Lundi	**1.** rép. vont varier **2.** rép. vont varier
Mardi	**1.** 6 dizaine 1 unité, 61 **2.** 8 **3.** 🐢🐢🐢㊀🐢 **4.** 33 ¢
Mercredi	**1.** carré **2.** 4 **3.** 4
Jeudi	**1.** 6 h **2.** 11 h **3.** b **4.** 4
Vendredi	**1.** 9 **2.** 6 **3.** 3 **4.** 18
Réfléchis bien	9 gommes à mâcher

Semaine 4

Lundi	**1.** rép. vont varier; régularités possibles : lignes verticales; 0, 2, 4, 6 ou 8 comme unités
Mardi	**1.** 4 dizaine 0 unité, 40 **2.** 5 **3.** ㊀🐘🐘🐘🐘 **4.** 37 ¢
Mercredi	**1.** rectangle **2.** 4 **3.** 4
Jeudi	**1.** 1 h **2.** 10 h **3.** a **4.** 7
Vendredi	**1.** 8 **2.** 3 **3.** 7 **4.** 18
Réfléchis bien	32 timbres

Semaine 5

Lundi	**1.** rép. vont varier; régularités possibles : lignes verticales; 0 ou 5 comme unités
Mardi	**1.** 4 dizaine 3 unités, 43 **2.** 🐭🐭🐭㊀🐭 **3.** 12 **4.** 35 ¢
Mercredi	**1.** pentagone **2.** 5 **3.** 5
Jeudi	**1.** 8 h **2.** 12 h **3.** b **4.** 2
Vendredi	**1.** 4 **2.** 8 **3.** 5 **4.** 3
Réfléchis bien	7 pommes

Semaine 6

Lundi	**1.** rép. vont varier; régularités possibles : lignes verticales; 0 comme unité
Mardi	**1.** 7 dizaines 3 unités, 73 **2.** 6 **3.** 51 ¢
Mercredi	**1.** hexagone **2.** 6 **3.** 6
Jeudi	**1.** 3 h **2.** 2 h **3.** b **4.** 5
Vendredi	chien - 7, chat - 4, hamster - 8, oiseau - 3 **1.** hamster **2.** oiseau **3.** 10 **4.** 4
Réfléchis bien	7 timbres

Semaine 7

Lundi	**1.** 12, 15, 18 **2.** 13 **3.** ◐○○
Mardi	**1.** 8 dizaines 5 unités, 85 **2.** 2 **3.** 8 **4.** 26 ¢
Mercredi	**1.** octogone **2.** 8 **3.** 8
Jeudi	**1.** 5 h 30 **2.** 10 h 30 **3.** b **4.** 6
Vendredi	**1.** 7 **2.** 4 **3.** 6 **4.** 17 **5.** hot dog
Réfléchis bien	**1.** 13 **2.** 5 **3.** 8 **4.** 5

Semaine 8

Lundi	**1.** 20, 25, 30 **2.** 7 **3.** ○△○
Mardi	**1.** 6 dizaines 4 unités, 64 **2.** 2 **3.** 80 **4.** 20 ¢
Mercredi	**1.** parallélogramme **2.** 4 **3.** 4
Jeudi	**1.** 12 h 30 **2.** 8 h 30 **3.** a **4.** 7
Vendredi	chien ╫╫ |||| chat ╫╫ || hamster |||| oiseau || **1.** chien **2.** oiseau **3.** 11 **4.** 3
Réfléchis bien	**1.** 8 **2.** 5 **3.** 17 **4.** 5

Semaine 9

Lundi	**1.** 40, 50, 60 **2.** 10 **3.** □■
Mardi	**1.** 3 dizaines 1 unité, 31 **2.** 9 **3.** 36 ¢
Mercredi	**1.** trapèze **2.** 4 **3.** 4
Jeudi	**1.** 1 h 30 **2.** 7 h 30 **3.** vendredi **4.** 4
Vendredi	**1.** 6 **2.** 4 **3.** 2 **4.** brisures de chocolat
Réfléchis bien	**1.** 25 **2.** 22 **3.** 28 **4.** 23

Semaine 10

Lundi	**1.** 8, 6, 4 **2.** 6 **3.** ♥♡
Mardi	**1.** 1 dizaine 1 unité, 11 **2.** 8 **3.** 17 **4.** 46 ¢
Mercredi	**1.** cylindre **2.** 0 **3.** 2 **4.** c
Jeudi	**1.** 4 h 30 **2.** 6 h 30 **3.** 12 mois **4.** 7
Vendredi	**1.** voir diagramme **2.** cercle **3.** cœur
Réfléchis bien	**1.** 17 **2.** 14 **3.** 27 **4.** 31

Semaine 11
Lundi 1. 6 2. a 3. ▱ ◯
Mardi 1. 3 dizaines 2 unités, 32 2. 47 3. 16 4. 91 ¢
Mercredi 1. cube 2. 12 3. 6 4. ◯ 5. a
Jeudi 1. 2 h 30 2. a 3. b 4. 4
Vendredi 1. voir diagramme 2. 🦆 3. 🐢
Réfléchis bien 1. 94 2. 60 3. 30 4. 32

Semaine 12
Lundi 1. 3 2. c 3. △ ▽
Mardi 1. 9 dizaines 6 unités, 96 2. 13, 47, 59 3. 16 4. 80 ¢
Mercredi 1. cône 2. 0 3. 1 4. △ 5. a
Jeudi 1. 8 h 15, 8 heures et quart 2. a 3. c 4. 2
Vendredi 1. voir diagramme 2. 🐟 - 3 🐢 - 5 3. 🐛 - 5
Réfléchis bien 1. 61 2. 110 3. 25 4. 57

Semaine 13
Lundi 1. 15 2. b 3. rép. vont varier
Mardi 1. 6 dizaines 6 unités, 66 2. 9, 22, 76 3. 13 4. 56 ¢
Mercredi 1. prisme droit à base rectangulaire 2. 12 3. 6 4. ▢ 5. a
Jeudi 1. 3 h 15, 3 heures et quart 2. b 3. a 4. 5
Vendredi 1. voir diagramme 2. batterie 3. harmonica
Réfléchis bien 1. 62 2. 83 3. 59 4. 31

Semaine 14
Lundi 1. 7 2. 16 3. rép. vont varier
Mardi 1. 83 2. 38, 29, 4 3. 20 4. 82 ¢
Mercredi 1. sphère 2. 0 3. 0 4. ▢ 5. a
Jeudi 1. 12 h 15, 12 heures et quart 2. c 3. 52 semaines 4. 14
Vendredi 1. sous-marin ⊞⊞ ⊞⊞ | pizza ⊞⊞ ||| hamburger ⊞⊞ ⊞⊞ ⊞⊞ | 2. hamburger
Réfléchis bien 1. 94 2. 86 3. 63 4. 42   3. pizza 4. 3

Semaine 15
Lundi 1. 12 2. 8 3. rép. vont varier
Mardi 1. 58 2. 15, 37, 47 3. 12 4. 40 ¢
Mercredi 1. pyramide 2. 8 3. 5 4. ⬠ 5. b
Jeudi 1. 1 h 15, 1 heure et quart 2. b 3. 365 jours 4. 12
Vendredi 1. patin ⊞⊞ ⊞⊞ |||| crosse ⊞⊞ |||| basket-ball ⊞⊞ ⊞⊞ | 2. patin 3. crosse 4. 3
Réfléchis bien 1. 82 2. 91 3. 15 4. 2

Semaine 16
Lundi	**1.** 10 **2.** 7 **3.** rép. vont varier
Mardi	**1.** 52 **2.** 73, 21, 17 **3.** 11 **4.** voir consigne
Mercredi	**1.** 3 triangles **2.** ⬡ **3.** a
Jeudi	**1.** 6 h 15, 6 heures et quart **2.** c **3.** a **4.** 9
Vendredi	**1.** Benoit et Mia **2.** Simon et Madeline **3.** Karène et Mario
Réfléchis bien	**1.** 84 **2.** 90 **3.** 26 **4.** 16

Semaine 17
Lundi	**1.** 10 **2.** 7 **3.** rép. vont varier
Mardi	**1.** 82 **2.** 15, 44, 51 **3.** 18 **4.** voir consigne
Mercredi	**1.** 3 pentagones **2.** ⬡ **3.** b
Jeudi	**1.** 3 h 45, 4 heures moins le quart **2.** a **3.** a **4.** 13
Vendredi	**1.** Carlos et Avita **2.** 3 **3.** Dalia et Jérémie
Réfléchis bien	**1.** 95 **2.** 75 **3.** 28 **4.** 29

Semaine 18
Lundi	**1.** 10 **2.** 36 **3.** rép. vont varier
Mardi	**1.** 50 **2.** 11, 32, 55 **3.** 6 dizaines 3 unités **4.** voir consigne
Mercredi	**1.** voir consignes **2.** a **3.** a
Jeudi	**1.** 5 h 45, 6 heures moins le quart **2.** a **3.** 24 **4.** 10
Vendredi	**1.** Bruno et Jade **2.** Sami et Marjorie **3.** 2
Réfléchis bien	**1.** 41 **2.** 72 **3.** 47 **4.** 41

Semaine 19
Lundi	**1.** 12 **2.** 25 **3.** rép. vont varier
Mardi	**1.** 37 **2.** 3, 37, 54 **3.** 7 dizaines 6 unités **4.** voir consigne
Mercredi	**1.** voir consignes **2.** a **3.** ☐ rép. vont varier
Jeudi	**1.** 9 h 15, 9 heures et quart **2.** b **3.** b **4.** 2
Vendredi	**1.** Sophie et Carlo **2.** 4 **3.** Délia et David
Réfléchis bien	**1.** 95 **2.** 98 **3.** 17 **4.** 45

Semaine 20
Lundi	**1.** 12 **2.** 30 **3.** rép. vont varier
Mardi	**1.** c **2.** 66, 55, 44 **3.** 9 dizaines 4 unités **4.** voir consigne
Mercredi	**1.** voir consignes **2.** a **3.** △
Jeudi	**1.** 5 h 15, 5 heures et quart **2.** a **3.** b **4.** 1
Vendredi	**1.** 31 **2.** samedi **3.** lundi **4.** jeudi
Réfléchis bien	**1.** 8 ¢ **2.** 14 animaux

Semaine 21

Lundi	**1.** 9 **2.** 9 **3.** rép. vont varier
Mardi	**1.** b **2.** 22, 41, 67 **3.** 8 dizaines 3 unités **4.** voir consigne
Mercredi	**1.** hexagone, carré, pentagone **2.** b **3.** (pentagone)
Jeudi	**1.** 10 h 45, 11 heures moins le quart **2.** a **3.** a **4.** 4
Vendredi	**1.** 30 **2.** vendredi **3.** mardi **4.** samedi
Réfléchis bien	**1.** 9 ¢ **2.** 14 animaux

Semaine 22

Lundi	**1.** 3 **2.** 15 **3.** rép. vont varier
Mardi	**1.** a **2.** 62, 76, 89 **3.** 7 dizaines 6 unités **4.** voir consigne
Mercredi	**1.** hexagone, octogone **2.** a **3.** (cercle divisé)
Jeudi	**1.** 11 h 15, 11 heures et quart **2.** 6 **3.** 12 unités **4.** 5 unités carrées
Vendredi	**1.** parfums de crème glacée **2.** 6 **3.** fraises **4.** vanille
Réfléchis bien	18 grenouilles

Semaine 23

Lundi	**1.** 10 **2.** 19 **3.** rép. vont varier
Mardi	**1.** b **2.** 31, 21, 12 **3.** 5 dizaines 5 unités **4.** voir consigne
Mercredi	**1.** rectangle, carré, parallélogramme **2.** b **3.** (losange)
Jeudi	**1.** 8 h 45, 9 heures moins le quart **2.** 1 **3.** 12 unités **4.** 7 unités carrées
Vendredi	**1.** pomme **2.** raisin **3.** raisin, banane, pomme
Réfléchis bien	92 bonbons haricots

Semaine 24

Lundi	**1.** 10 **2.** 25 **3.** rép. vont varier
Mardi	**1.** b **2.** 14, 29, 44 **3.** 3 dizaines 8 unités **4.** voir consigne
Mercredi	**1.** cercle, pentagone, triangle, hexagone **2.** a **3.** b
Jeudi	**1.** 9 h **2.** 8 **3.** 12 unités **4.** 8 unités carrées
Vendredi	**1.** populaire **2.** country **3.** populaire, rock, country
Réfléchis bien	48 cartes de hockey

Semaine 25

Lundi	**1.** 11 **2.** 11 **3.** 60, 70, 80, 90, 100
Mardi	**1.** 34 **2.** 90, 85, 7 **3.** 2 dizaines 9 unités **4.** voir consigne
Mercredi	**1.** voir consignes **2.** a **3.** (flèche vers le haut)
Jeudi	**1.** 10 h 30 **2.** b **3.** 14 unités **4.** 8 unités carrées
Vendredi	**1.** chien **2.** hamster **3.** 9
Réfléchis bien	60 biscuits

Chalkboard Publishing © 2010

Semaine 26

Lundi	**1.** 5 **2.** 10 **3.** 26, 28, 30, 32, 34
Mardi	**1.** 49 **2.** a **3.** 7 dizaines 2 unités **4.** (voir image)
Mercredi	**1.** c **2.** a **3.** b **4.** H
Jeudi	**1.** 2 h 45, 3 heures moins le quart **2.** b **3.** 12 unités **4.** 8 unités carrées
Vendredi	**1.** laitue **2.** 5 **3.** carotte et concombre
Réfléchis bien	24 fourmis

Semaine 27

Lundi	**1.** 8 **2.** 19 **3.** 75, 80, 85, 90, 95
Mardi	**1.** 90 **2.** c **3.** b **4.** impair
Mercredi	**1.** voir consignes **2.** b **3.** b
Jeudi	**1.** 1 h 45, 2 heures moins le quart **2.** a **3.** 12 unités **4.** 7 unités carrées
Vendredi	rouge - 9 bleu - 13 vert - 8 jaune - 2 **1.** bleu **2.** jaune **3.** 10 **4.** bleu, rouge, vert, jaune
Réfléchis bien	25 ¢, 25 ¢, 25 ¢, 10 ¢, 1 ¢, 1 ¢, 1 ¢, 1 ¢

Semaine 28

Lundi	**1.** 9 **2.** 13 **3.** 40, 50, 60, 70, 80
Mardi	**1.** 27 **2.** a **3.** a **4.** voir consigne
Mercredi	**1.** voir consignes **2.** b **3.** A
Jeudi	**1.** 9 h **2.** a **3.** 14 unités **4.** 8 unités carrée
Vendredi	**1.** Sandro et Martin **2.** 4 **3.** Roxane et Blaise
Réfléchis bien	25 ¢, 25 ¢, 10 ¢, 5 ¢, 1 ¢, 1 ¢

Semaine 29

Lundi	**1.** 5 **2.** 18 **3.** 45, 50, 55, 60, 65
Mardi	**1.** 61 **2.** 17 **3.** b **4.** pair
Mercredi	**1.** 3 triangles **2.** c **3.** 4
Jeudi	**1.** 2 h 30 **2.** 5 **3.** 12 unités **4.** 6 unités carrées
Vendredi	**1.** planche à roulettes |||| |||| bicyclette |||| |||| |||| || trottinette |||| |||| ||| **2.** bicyclette **3.** planche à roulettes **4.** 8
Réfléchis bien	8 ¢

Semaine 30

Lundi	**1.** 12 **2.** 20 **3.** 60, 62, 64, 66, 68
Mardi	**1.** 76, 78 **2.** 14 **3.** a **4.** impair
Mercredi	**1.** 3 cercles **2.** c **3.** 5
Jeudi	**1.** 11 h 45, 12 heures moins le quart **2.** 6 **3.** 12 unités **4.** 7 unités carrées
Vendredi	**1.** vendredi **2.** lundi **3.** 8
Réfléchis bien	rép. vont varier